MONIQUE HILTERMANN

D1922366

KOOKBOEK

1

1 juli 2010 - we proosten op de opening van de Zeeuwse Hemel!

De smaak te pakken

Als je weet dat de liefde van de(ze) man door de maag gaat, begrijp je vast waarom Monique en ik al twintig jaar onafscheidelijk zijn. Toen we elkaar leerden kennen, was een van haar eerste acties het verwijderen van alle diepvrieshamburgers en 'kant en klaarpakjes' uit mijn ijskast, het weggooien van torens oude pizzadozen en het verzorgen van een serieuze dagomzet bij de plaatselijke toko. De geur van bier en oud frituurvet, die ons studentenhuis in Rotterdam jaren had gekenmerkt, maakte plaats voor een nieuwe wereld van specerijen, kruiden en pruttelende potjes op het fornuis.

Samen smaken ontdekken, genieten en delen, werd een dagelijks terugkerend feestje. Of eigenlijk al snel een 'avondlijks' feestje, want ten tijde van ons reclamebureau, de eerste vijftien jaar van ons samenzijn, kwamen we vaak pas in de latere uurtjes aan koken toe. En als we te laat of te moe waren, gingen we maar al te vaak de stad in, op zoek naar restaurantjes en keukens die we niet kenden. Een terugkerende scène aan zo'n tafel was dan, dat Monique de verwerkte ingrediënten probeerde te onderscheiden en aantekeningen maakte over de smaken. Fantaserend over wat zij er zelf mee zou doen, of over hoe ze het gerecht nét iets spannender zou kunnen maken. Tegelijkertijd zat ik het betreffende 'tentje' in mijn hoofd opnieuw in te richten en verzuchtte ik – meestal na het grootste deel van de fles wijn soldaat gemaakt te hebben– dat wij toch eigenlijk ons eigen plekje zouden moeten maken. Ergens waar alles zou kloppen. Puur, zonder poespas, met echte smaken. Hoe hemels zou dat zijn?!

Met het verschijnen van dit eerste Zeeuwse Hemelkookboek, op 1 juli 2015, is het op de kop af vijf jaar geleden dat we werkelijk zijn begonnen om die droom waar te maken. Dichtbij, onder ons huis aan de Melkmarkt in Zierikzee, maakte ons kantoor plaats voor alles wat wij onder de Zeeuwse Hemel wilden laten zien en proeven. Wat dat zoal aan heerlijks opleverde, vind je nu terug in dit kookboek. Het is een bundeling van Monique's meest bijzondere recepten. Een mengelmoes van ideeën en gerechten, beïnvloed door keukens en culturen uit vele windstreken, waar mogelijk klaargemaakt met ingrediënten van hier. Om uiteindelijk samen te smelten in onze eigen Zeeuwse Hemelstijl, met als rode draad – ik mag het zeggen na zoveel liefde door de maag – de verfijnde smaak en creativiteit van Monique.

'Een recept schrijft zichzelf,' zegt zij altijd bescheiden. 'Als je goede ingrediënten leidend laat zijn en écht durft te proeven en proberen, kom je vanzelf tot iets moois.' Nu vanzelf, dat zal allemaal best, maar ik heb gezien hoeveel proeven en proberen er aan dit heerlijks vooraf is gegaan, dus ik vind het schrijven van dit boek, dat zoveel liefde voor koken uitstraalt, vooral ook een te prijzen prestatie. En dat doe ik hier dan ook: dank je wel lieve keukenprinses!

Oké, genoeg hierover nu; voor het recept van dit voorwoord een al te zoet karakter krijgt. Mij rest enkel nog om lezers en (thuis)koks veel plezier te wensen met dit eerste kookboek. Monique en ik ontmoeten je graag in de Zeeuwse Hemel, om te horen hoe het jullie in de keuken verging, of natuurlijk om te genieten van wat wij nu op de kaart hebben staan. En wie weet breng jij ons weer op nieuwe ideeën voor een recept in een volgend kookboek... Of dat er gaat komen? Jazeker, we hebben de smaak te pakken!

Joost Pieters

INHOUD

KOOKINSTRUCTIE:
Als in de recepten olijfolie voorkomt, wordt altijd extra vierge olijfolie bedoeld. Als er sprake is van bakolijfolie wordt dat speciaal benoemd. De gebruikte eetlepels in dit boek hebben een inhoud van 15 ml en theelepels 5 ml. Oventemperaturen zijn bedoeld voor een heteluchtoven, maar beschouw ze slechts als aanwijzing omdat de temperaturen per oven kunnen verschillen.

* Je kunt hier zoeken op gerecht. Maar heb je iets in huis en weet je niet wat je er mee moet doen? Kijk dan vooral op de index per ingrediënt op pagina 138!

INHOUDSOPGAVE PER GERECHT

VOOR

HOOFD

SOEP

SALADE

TOE

8

24

12

10

16

20

VOOR

TOAST MET **MANGO**, **CABRALES** EN **PEPITA'S** UIT DE OVEN

Kaas van koe, geit en schaap!

De blauwe "queso cabrales" wordt met de hand gemaakt, op de boerderijen in de bergen van Noord-Spanje. De boeren mengen voor deze kaas de melk van koeien, geiten én schapen. De verhouding hangt af van de beschikbaarheid van de soort melk. De kaas rijpt in grotten, waar een zilte wind vanuit de golf van Biskaje waait. Van binnen is de kruimelige kaas roomwit met diepblauwe aders. De kaas heeft een pittige geur en een lange nasmaak. Spanjaarden vermengen hem vaak met olijven en smeren hem dan op toast.

Groene pompoenpitten zijn gezonder dan witte pompoenpitten

Kies je voor mango azijn of witte balsamico?

Mango azijn is al heel lang een van de favoriete azijnen in onze keuken. Maar vind je deze azijn net iets te zoet, probeer dan eens een witte balsamico. Die wordt van dezelfde druivensoort als donkere balsamico gemaakt, maar niet zolang gerijpt.

Een heerlijke combinatie met witte balsamico is de salade met groene tuinkruiden, die wij bij onze garnalenkroketjes serveren.

Meng verschillende soorten groene sla, dragon, dille, lente ui en stukjes komkommer. Besprenkel met witte balsamico en olijfolie. Strooi er wat versgemalen peper over. In de zomer serveren we het met de bloemen en blaadjes van de Oostindische kers.

tip **Restjes mango over? Vries de stukjes in en blender er de volgende dag een lekkere smoothie van, met Turkse yoghurt en versgeperste jus.**

TOAST MET **MANGO, CABRALES** EN **PEPITA'S** UIT DE OVEN

Ingrediënten voor 4 personen

50 gram rucola
8 sneetjes desembrood
1 mango
cabrales of een andere pittige blauwe kaas
50 gram pepita's
versgemalen peper
mango azijn
olijfolie

Snij voor dit voorgerecht sneetjes van het smalle deel van een desembrood. Zijn de sneetjes te groot, maak er dan maar één per persoon, in plaats van twee.

Voorbereiden:

- verwarm de oven voor op 200 graden
- schil de mango, leg hem op zijn zij en snij precies langs de platte pit de linkerhelft eraf, doe hetzelfde met de andere kant en snij dan beide helften in dunne maantjes
- snij de cabrales in minimaal 12 dunne plakjes
- leg wat rucola op 4 kleine bordjes en sprenkel er wat mango azijn overheen

Afmaken:

Beleg de sneetjes **desembrood** dakpansgewijs met afwisselend een maantje **mango** en een plakje **cabrales**. Zet 5 minuten in de voorverwarmde oven om de kaas te laten smelten en het brood te toasten. Haal uit de oven en leg op de **rucola**. Bestrooi met de **pepitapitjes**.

Pepita's zijn groene pompoenpitten. Wij gebruiken gebrande pitten uit Oostenrijk, lekker bol en knapperig. Aanvankelijk maakten we dit gerecht met pijnboompitten maar de lichtzoete pepita's passen er nog beter bij.

* Neem voor een voorgerecht de kleinst mogelijke sneetjes desembrood, of juist groter als je er een lunchgerecht van wilt maken.

GROENE **ASPERGES** MET **BUFFELBURRATA** EN **KAPPERTJES**

Je hebt olijfolie en olijfolie...

Het is altijd bijzonder om onze gasten echt goede olijfolie te laten proeven. Dat het zo zacht en fruitig tegelijk kan zijn! Te lang zijn onze smaakpapillen verpest met slechte olijfolie. Goede olijfolie wordt gemaakt van de mooiste, handmatig geoogste olijven en binnen 24 uur na het plukken geperst. De zuurgraad komt zo niet boven de 0,8% en de olie mag "extra vierge" of "eerste koude persing" heten. Voor het behouden van de voedingsstoffen mag de temperatuur tijdens het persen niet boven de 28 °C komen. Met de oude manier van persen liep de temperatuur behoorlijk op, zodat de "eerste persing" de enige goede kwaliteit was. Met de nieuwe wijze van persen gebeurt dat niet meer, zodat de hele persing eigenlijk een "eerste persing" is. Om een liter van deze olijfolie te persen heb je wel 5-10 kilo olijven nodig! We gebruiken deze olie dan ook alleen als smaakmaker. De goedkopere bakolijfolie is gemaakt van een mindere kwaliteit olijven. Deze olie wordt na de persing gezuiverd van oneffenheden, maar heeft daardoor ook een minder uitgesproken olijfsmaak. Voor bakken is dit niet erg, omdat olie bij verhitting toch zijn smaak verliest.

Lekkere olijfolie met brood, verslaat menig goed voorgerecht

Buffelburrata

Ruim een jaar geleden ontdekten wij burrata van verse buffelmelk uit Italië. Burrata is aan de buitenkant van mozzarella en heeft van binnen geraspte stukjes mozzarella met verse, mascarpone-achtige room. Het lekkerste is om een hele burrata opengesneden, op kamertemperatuur, te serveren. Je kunt burrata ook van koemelk kopen, maar de smaak van buffelmelk is veel karakteristieker.

De dochter van Giorgos en Simone in de boomgaard

Onze lievelingsolijfolie komt van de Chalkidiki olijven van de boomgaard van onze griekse achterbuurman Giorgos. Een paar maanden per jaar is hij, op het familiebedrijf in de zonnige heuvels van Ormylia Chalkidiki, druk aan het werk om de bomen te verzorgen en de olijven te oogsten. Hij levert het direct aan ons waardoor we verzekerd zijn van de beste kwaliteit.

tip **Van eind april tot 21 juni, kun je bij de familie Vermeer in Noordwelle, verse groene asperges kopen. Bijzonder is, dat ze op zilte grond worden geteeld.**

GROENE **ASPERGES** MET **BUFFELBURRATA** EN **KAPPERTJES**

Ingrediënten voor 4 personen

50 gram rucola
100 gram veldsla
32 groene asperges
bakolijfolie
2 bollen buffelburrata
kappertjes
olijfolie
zeezout

Voorbereiden:

- haal de burrata **op tijd** uit de ijskast en laat op kamertemperatuur komen
- snij de burrata in plakken
- breek de uiteinden van de asperges
- verwarm bakolijfolie in een grillpan
- leg zoveel asperges naast elkaar in de pan als past en grill rondom op hoog vuur
- herhaal tot alle asperges gegrilld zijn en hou ze warm

Afmaken:

Verdeel de **veldsla** en de **rucola** over 4 bordjes. Schep er per bordje 8 **groene asperges** op met de kopjes allemaal naar dezelfde kant. Bestrooi met een beetje **zeezout**. Leg 3-4 plakjes **buffelburrata** bovenop het midden van het bosje asperges. Ze mogen door de warme asperges een beetje gaan smelten. Strooi er wat **kappertjes** overheen. Giet een ruime hoeveelheid van je allerbeste **olijfolie** over het gerecht en serveer direct.

Om er zeker van te zijn dat je de houtige uiteinde van de asperges helemaal verwijdert, pak je de asperges- één voor één - aan de onderkant vast en buig je de bovenste helft om tot de asperge breekt.

* Dit gerecht staat of valt bij een goede olijfolie, neem echt de beste die je in huis hebt!

PORTOBELLO'S MET **DADELS, HAZELNOOT** EN **COUSCOUS**

Hoe de Hemelse tapenade is ontstaan

Op een dag wilden we graag een "eigen" tapenade. We waren, net als veel van de klanten, inmiddels verliefd op de vijgdadelazijn. Omdat onze vriend Lambertus net een zak ongepelde hazelnoten uit Turkije had meegenomen en er ook nog rode herfstappeltjes op de toonbank glommen, lag de combinatie letterlijk voor de hand: het werd een tapenade met vijgdadelazijn, appel en hazelnoot, kruidig gemengd met knoflook en ui.

Probeer deze tapenade op notenbrood met kaas!

Dadel-sinaasappelsalade

Onze sinaasappelsalade maken we het liefst met de zachte Tunesische dadels. Ze smelten bijna op je tong!

Neem per persoon 25 gram veldsla, 6 gehalveerde dadels, een sinaasappel in stukjes en 4 walnoten waarvan je er 3 in stukjes hakt en er eentje bewaart als garnering. Sprenkel citroenolijfolie over de salade en knijp de kontjes van de sinaasappel erover uit. Breng op smaak met zout en peper.

Medjooldadels met pancetta

Dadels combineren door hun zoetheid goed met "zoute" ingrediënten.

De grote medjooldadels uit Egypte zijn lekker stevig en behouden ook na verwarmen hun "bite". Ze zijn dus heel geschikt om te vullen. In de Zeeuwse Hemel serveren we ze als een warme tapas. Zet per persoon 3-5 dadels gevuld met geitenroomkaas, vijf minuten onder de grill, dan een krulletje uitgebakken pancetta erop en een beetje citroenhoning erover, mmm!

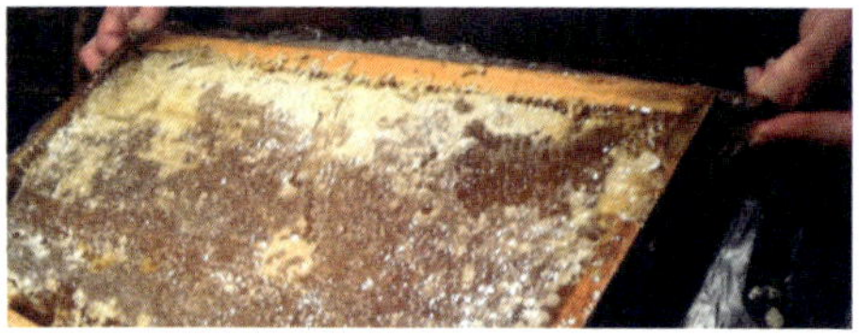

Honing uit de raat

Lukkie kwam een verse honingraat brengen. We presenteerden hem in de taartvitrine en lepelden de honing ter plekke over de dadels met pancetta. Pure honing bevat al het goeds dat honing te bieden heeft. De honing was zo populair dat klanten er zelfs een "schepje" van kwamen kopen.

Piment d'espelette-puree

In het Frans-Baskische dorpje Espelette wordt een speciale pepersoort verbouwd: piment d'Espelette. Het is er als poeder van de gedroogde peper en puree van de verse. Na het plukken worden

de pepers in strengen bij elkaar gebonden en buiten in de zon gehangen. Een prachtig gezicht! Het bijzondere aan piment d'Espelette is niet alleen het kenmerkende aroma, maar vooral de zachtheid. Niet te pittig en dus perfect met een zoet gerecht te combineren, zonder dat het gaat overheersen.

PORTOBELLO'S MET **DADELS, HAZELNOOT** EN **COUSCOUS**

Ingrediënten voor 4 personen

8 kleine of 4 grote portobello's
bakolijfolie
8 eetlepels hemelse tapenade
vijgdadelazijn
4 medjooldadels
125 gram walnoten/amandelen
20 hele hazelnoten om te garneren
150 ml knoflookolijfolie
zeezout
200 gram couscous
50 gram veldsla
dobbelsteentjes oude kaas
1 eetlepel piment d'espelette-puree
citroensap
olijfolie

Voorbereiden:

- verwarm de oven voor op 200 graden
- rooster de hazelnoten in een ovenschaaltje 8 minuten in de oven
- borstel de portobello's schoon
- vet een ovenschaal in met bakolijfolie
- verwijder de stelen (wel bewaren)
- vul de portobello's met de tapenade en een scheutje vijgdadelazijn
- ontpit de dadels en snij ze met de portobello-stelen in stukjes
- verdeel het dadel-steeltjes-mengsel over de gevulde portobello's
- plaats 12 minuten in de oven
- hak de walnoten en amandelen in kleine stukjes, halveer de afgekoelde hazelnoten
- vermeng de gehakte noten (behalve de hazelnoten) met knoflookolijfolie en zout
- maak de couscous volgens de gebruiksaanwijzing op de verpakking

Afmaken:

Zet 4 bordjes klaar met de **veldsla**. Leg de blokjes **kaas** erop en druppel de **piment d'espelette-puree** erover. Schep de **couscous** er in een bergje naast en sprenkel er een eetlepel **noten-knoflookolijfolie** bovenop. Leg de **portobello's** erbij en garneer met de halve en hele **hazelnoten**. Giet wat **citroensap** en **olijfolie** over de salade.

* Vergroot de porties en je hebt een heerlijk hoofdgerecht of vul kleinere champignons voor een lekkere tapas

DRUIVENSALADE MET **WALNOOT, FETA** EN **VERJUS**

Verjus-avontuur met de druiven van de Schorre

Voor een netwerklunch met bijzondere Schouwse streekproducten, op wijnboerderij de Schorre in Dreischor, werd ons gevraagd om te komen koken. We wilden als toetje stoofperen in verjus van druiven van de Schorre, serveren. Het leek zo makkelijk. Eerst gezellig afgevallen onrijpe druiven rapen in de wijngaard, even schoonspoelen, pureren en klaar. Het bleek uit te lopen op een titanenklus. De druifjes waren natuurlijk modderig, moesten nog tussen steentjes en takjes worden uitgevist en leverden na pureren in de sapmachine een bruin-groene schilletjesbrei op. Na eindeloos zeven door 4 lagen mousseline hadden we 1 liter verjus van 2 grote manden "druivenoogst". Die hebben we toen maar aangevuld met appelsap van de Muyehof en daarin de peren gestoofd. Het idee was leuk, het leverde ook een heerlijk toetje op, maar toen de eigenaar van de Schorre vroeg of we zijn vaste verjusleverancier wilden worden, hebben we toch maar nee gezegd!

Het eten van druiven stimuleert de vetverbranding!

Zomerse koude soep: ajo blanco met druiven

Gazpacho Andaluz (zie pagina 82) is de meest bekende koude soep uit Spanje. Maar maak ook eens Ajo Blanco, een witte amandelsoep, traditioneel geserveerd met druiven. In de tuin, op een zomerse dag, een geweldig gerecht!

200 gram blanke amandelen
2 sneetjes oud wit brood
3 teentjes knoflook
olijfolie
Spaanse sherry azijn
peper en zout
witte druiven
geroosterde amandelen

Week het brood in 750 ml water. Maal amandelen, knoflook en brood in een keukenmachine fijn en voeg het weekwater van het brood toe. Roer er een scheutje olijfolie en azijn erdoor en breng op smaak met zout en peper. Laat goed koud worden in de ijskast. Serveer met witte druiven en geroosterde amandelen.

tip

Zet de schaaltjes waarin je het wil serveren van tevoren in de vriezer. Eenmaal ingeschonken, blijft de soep zo veel langer koud!

DRUIVENSALADE MET **WALNOOT, FETA** EN **VERJUS**

Ingrediënten voor 4 personen

25 gram rucola
50 gram veldsla
24 blauwe en groene druiven
50 gram walnoten
feta of, ook heel lekker, blauwe kaas
verjus
olijfolie
zeezout
versgemalen peper

Voorbereiden:

- rooster de walnoten een paar minuten in een droge koekenpan
- ontpit en halveer de druiven
- snij de feta in blokjes

Afmaken:

Leg wat **rucola** en **veldsla** op 4 kleine bordjes. Verdeel hierover de **druiven** en de blokjes **feta**. Steek er af en toe een **walnoot** tussen. Giet er een klein beetje **verjus** of **Zeeuwse Hemel edik** en een wat ruimere hoeveelheid **olijfolie** overheen. Maak af met een snufje **zout** en wat versgemalen **peper**.

Verjus is lichtzuur druivensap, geperst van onrijpe druiven. De lekkerste, maar ook kostbaarste is "8 Brix Verjus Red". Deze wordt gemaakt van ongerijpte druiven én "ijswijn-druiven", druiven die pas geoogst worden na een paar dagen met minstens 8 graden vorst. Het heeft een prachtige balans tussen zoet en zuur. Het is bij ons op aanvraag te bestellen.

* In plaats van verjus kan je ook Zeeuwse Hemel edik nemen.

TORENTJE VAN **AUBERGINE** EN **MOZZARELLA** MET **BASILICUM**

Het met rode lak verzegelde flesje balsamico dat we uit Modena meenamen.

De "schat" uit Modena

Oorspronkelijke balsamico wordt door familiebedrijven in Modena gemaakt. Alleen als je "Aceto balsamico tradizionale di Modena" op een flesje ziet staan, mét het kwaliteitszegel van het "proefconsorzio" erop, heb je met een echte te maken. Je betaalt dan zomaar 100 euro voor een flesje van 100 ml. Dezelfde bedrijven die zo'n goedgekeurde balsamico produceren, maken ook goedkopere varianten, die dan niet "tradizionale" mogen heten, maar wel van dezelfde druivenmost worden gemaakt. Bij de Zeeuwse Hemel hebben we zo'n balsamico in ons assortiment. Maar we wilden "de echte" ook graag eens proeven. In 2013 bezochten we een balsamicomaakster in Modena. Trots liet ze zien hoe haar balsamico in telkens kleinere houten vaatjes werd gerijpt. De oudste was nu 30 jaar! We waren echt vereerd dat we 100 ml mochten kopen, want de voorraad was maar beperkt. Ze vertelde dat de mooiste balsamico vroeger als bruidsschat werd weggegeven Aan het einde van het bezoek werd er gegeten. Parmezaan met een paar druppeltjes balsamico. Eenmaal thuis gebruiken we onze "schat" alleen op heel bijzondere momenten.

Een echte balsamico kan eeuwenlang bewaard worden

Tussen de kazen

Tijdens hetzelfde bezoek aan Noord-Italië bezochten we ook een "Latteria" waar de enige echte Parmigiano Reggiano (parmezaan) lag te rijpen op enorme stellages. We konden ons levendig voorstellen wat een drama de aardbeving van 2012 teweeg had gebracht, toen duizenden kazen kapotvielen. De kazen waren niet meer verkoopbaar. Tot dat het Nederlandse initiatief "Red een kaas" zich het lot van de boeren aangetrok en een grote partij kaasbrokken naar Nederland liet komen. Als Zeeuwse Hemel kochten we deze kaas natuurlijk graag in. Hij smaakte daardoor alleen maar beter.

tip **Stoof de korst van de parmezaan mee met tomatensaus, dat geeft een extra diepe smaak!**

TORENTJE VAN AUBERGINE EN MOZZARELLA MET BASILICUM

Ingrediënten voor 4 personen

50 gram rucola
2 bollen buffelmozzarella
bakolijfolie
2 aubergines
olijfolie
balsamico
12 basilicumblaadjes (grote)
2 basilicumkroontjes met 2 of 3 blaadjes
40 gram pijnboompitten
versgemalen peper
zeezout

Voorbereiden:

- snij de aubergines overdwars in 12 dikke ronde plakken
- bestrooi met zeezout en zet een half uur weg
- snij de buffelmozzarella in 8 dikke plakken
- rooster de pijnboompitten in de oven, 10 minuten op 180 graden, laat afkoelen
- dep de auberginеplakken droog met keukenpapier
- verwarm de bakolijfolie in een grillpan en bak mooie strepen op de aubergine
- hou de aubergine warm of verwarm opnieuw vlak voor het maken van de torentjes

Afmaken:

Leg wat **rucola** op 4 kleine bordjes. Plaats boven op elkaar een plak **aubergine**, een blaadje **basilicum**, een plak **buffelmozzarella**, en een weer **blaadje basilicum**. Herhaal deze volgorde nog een keer en eindig met de derde plak **aubergine**. Strooi hier bovenop wat **pijnboompitjes** en steek het **basilicumkroontje** en een **satéprikker** erin. Giet er dan voorzichtig wat **balsamico** over en ruim **olijfolie**. Bestrooi met **zout** en **peper** en serveer direct. De aubergine moet nog lauwwarm zijn en mag de mozzarella een beetje laten smelten.

* Steek een lange satéprikker door het torentje zodat het geen toren van Pisa wordt!

NIKE

Aceto

Aceto

8 soorten uit o.m.
Sicilië Lesbos

de Zeeuwse hemel

Geen Paashaast!
kom lekker
genieten in de
Zeeuwse Hemel

34

42

38

50

58

54

46

HOOFD

PASTA MET **CHORIZO**, **ROZEMARIJN, KNOFLOOK** EN **PIMENTÓN**

Gerookte paprikapepers

Een van die specerijen waar je niet meer zonder kunt als je er één keer mee hebt kennisgemaakt: het Spaanse Pimentón de la Vera.

Het wordt gemaakt van gedroogde rode paprikapepers. Voor elke variant worden andere soorten gebruikt. Zoals de ñora voor de dulce (milde) pimentón en een variatie van de jeromin, jariza en de jaranda voor de picante (pittige) pimentón.

Dulce en picante pimentón zijn allebei verkrijgbaar bij de Zeeuwse Hemel.

De paprikapepers worden 10 tot 15 dagen in een **stenen huisje** ("secadero") gerookt. En dat proef je! Het geeft een subtiele rooksmaak aan elk gerecht. Het poeder zit ook nog eens in prachtige blikjes. Een cadeautje voor je keuken!

tip Rooster wat blanke amandelen in een koekenpan, roer er olijfolie door en bestrooi met zeezout en pimentón. Laat afkoelen en serveer als tapas met een goed glas Cava.

Pimentón picante kan flink pittig zijn, voorzichtig gebruiken!

Chorizo al vino

Bakchorizo is een speciale soort chorizo, die lekker stevig blijft bij het bakken en op aanvraag bij ons bestelbaar is.

Ook heerlijk als tapas: verwarm de worst 15 minuten in rode wijn, haal de worst eruit en hou warm, laat de wijn inkoken tot een sausje, snij de worst in een paar stukken, besprenkel met de wijnsaus en serveer!

Passende pasta

Italianen kiezen voor elk gerecht een passende pasta. Hier kan je het beste penne rigate gebruiken want de ribbeltjes houden de saus goed vast!

PASTA MET **CHORIZO, ROZEMARIJN, KNOFLOOK** EN **PIMENTÓN**

Ingrediënten voor 4 personen

2 eetlepels bakolijfolie
4 knoflookteentjes, fijngesneden
2 rode pepers in ringetjes
2 uien, fijngesneden
6 takjes rozemarijn
1 theelepel pimentón dulce
1 bakchorizo 250 gram
4 eetlepels citroensap
half glas witte wijn
6 eetlepels kookroom
360 gram penne rigate
zeezout

Voorbereiden:

- hak de knoflook fijn
- snij de rode pepers in ringetjes, verwijder de zaadjes
- snij de ui in kleine stukjes
- haal de naaldjes van 2 takjes rozemarijn
- leg 4 takjes rozemarijn apart
- snij de bakchorizo in plakjes
- zet wijn, citroensap, en kookroom klaar

Afmaken:

Pasta: kook in een grote pan **ruim voldoende water** met een flinke schep **zeezout**. Doe de **pasta** er in als het water kookt en zet de kookwekker op de tijd die de verpakking aangeeft. Kook de pasta vooral niet langer, want op het laatst roer je hem ook nog een minuut mee met de saus.

Saus: verhit de **olijfolie** op matig vuur in een grote koekenpan of wok. Bak eerst de **ui** glazig. Voeg de **pimentón** toe en daarna de **knoflook**, **peperringetjes**, de **rozemarijn** en na 2 minuten de **chorizo**. Laat kort bakken terwijl je voortdurend omschept. Voeg dan de **citroensap**, **wijn** en **kookroom** toe. Laat aan de kook komen en kook de saus 1 minuut in. Doe 1 eetlepel **kookvocht** van de pasta bij de saus. Giet de pasta af en roer 1 minuut door de saus. Schep de pasta op voorverwarmde borden en serveer met een takje **rozemarijn**.

* Zet alles van tevoren in bakjes klaar, zodat je de saus à la minute kunt maken, terwijl je de pasta kookt.

ARTISJOKKENTAART MET **SPINAZIE, GEITENKAAS** EN **OREGANO**

De oregano die wij gebruiken komt van Pantelleria, een eiland onder Sicilië. Deze handgeplukte oregano, te herkennen aan de lichte kleur en volle blaadjes, bloeit op oude lavagronden. Het oude ras wordt niet vermengd en is de meest geurige oregano ter wereld. Bedekt met dunne linnen doeken, wordt het zo langzaam mogelijk gedroogd. De geur is daardoor heel geconcentreerd en de oregano blijft lang op smaak.

Gemarineerde artisjokken

400 g artisjokharten
8 eetlepels knoflookolijfolie
2 eetlepels wilde oregano
1 biologische citroen
zeezout

Snij de artisjokharten in vieren en meng met knoflookolijfolie. Pers de citroen uit. Snij de schil van de citroen in reepjes. Voeg met de oregano toe aan de olie. Meng de artisjokken erdoor en breng op smaak met citroensap en zeezout. Laat een nacht marineren.

Artisjokken zijn heel goed voor je spijsvertering

Artichaud barigoule

In 1989 liep ik als kunststudent stage in Arles. Het recept hiernaast stuurde ik naar het thuisfront. Ook toen al net zo in de ban van koken, als van ontwerpen!

2 eetlepels bakolijfolie, 1 glas witte wijn
800 g artisjokharten (eventueel uit blik), 250 gram gerookte spekjes, 4 wortels, 3 uien, 3 knoflookteentjes, peper, zeezout, laurier en tijm

Bak in wat olijfolie de uien en spekjes met laurier, tijm en knoflook. Doe daarbij de in ronde plakken gesneden wortels, 1 glas witte wijn, 1 glas water, peper en zout. Voeg de artisjokken (uit blik, dan goed uitgelekt!) eraan toe. Laat 10 minuten pruttelen met deksel, daarna een half uur zonder deksel.

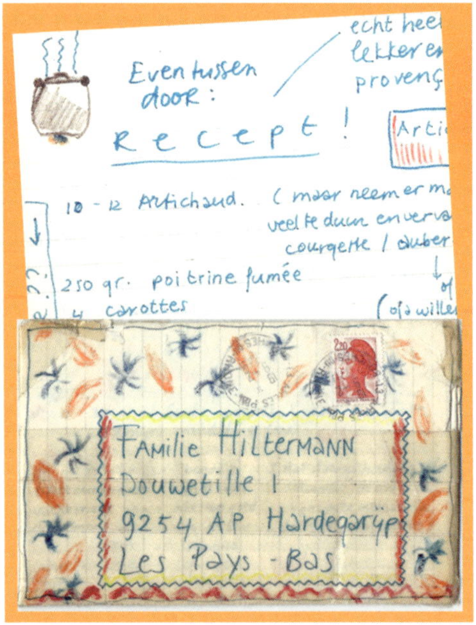

Nigella springt uit de zaaddozen van het bekende Juffertje-in-het-groen. Het wordt vaak verward met zwart sesamzaad, maar nigella smaakt meer nootmuskaatachtig.

ARTISJOKKENTAART MET SPINAZIE, GEITENKAAS EN OREGANO

Ingrediënten voor 4 personen

3 eetlepels bakolijfolie
1 witte ui in kleine stukjes
1 eetlepel wilde oregano
versgemalen peper
500 gram gewassen spinazieblaadjes
400 gram (gemarineerde) artisjokken
270 gram geitenroomkaas
100 gram ricotta
2 eieren en 1 eidooier
2 sinaasappels
1 eetlepel mosterd
3 eetlepels olijfolie
nigellazaad
50 gram rucola

Deeg:

250 gram bloem
100 ml koud water
1 theelepel zout
6 eetlepels olijfolie

Meng de ingrediënten en kneed tot een bol. Voeg eventueel extra water toe als het niet soepel genoeg is. Dek af en zet een half uur in de ijskast. Maak ondertussen de vulling.

Voorbereiden:

- verwarm de oven op 190 graden
- bak de ui met de oregano in olijfolie glazig, zet apart en wok daarna de spinazie in olijfolie met wat peper. Giet het vocht af, knijp zo goed mogelijk uit en hak fijn
- meng ui en spinazie met de kleingesneden artisjokken, ricotta en 2 losgeklopte eieren
- verdeel het deeg in vieren en rol uit tot flinterdunne vellen van 10 x 40 cm
- bekleed een ronde hoge bakvorm (22 cm) met bakpapier en daarna met drie van de deegvellen naast elkaar, laat het overtollige deeg over de rand hangen
- vul de bodem met de vulling, dek af met een laagje geitenroomkaas, sla het overhangende deeg terug en maak de bovenkant dicht met het vierde deegvel
- bestrijk met een eidooier, losgeklopt met een eetlepel olijfolie
- bak de taart in 60 minuten lichtbruin, de korst moet knapperig zijn als je er op tikt

Afmaken:

Meng het sap van **één sinaasappel** met de **mosterd** en de **olijfolie**. Snij de **tweede sinaasappel** in stukjes. Serveer een **taartpunt** met **rucola** en **sinaasappel** en besprenkel met de **vinaigrette** en **nigellazaad**.

* Lastig om deegvellen dun uit te rollen? Gebruik een pastamachine! Of rol het deeg tussen 2 vellen bakpapier.

ZALMMOOT MET **VIJGENMOSTERD** EN **PANKOCRUMBLE**

Een goed gerecht zingt zichzelf

"Wat voor gerecht mis jij nou nog op onze kaart?" vroeg Joost aan Evelijn, een van onze eerste meisjes die, ondanks dat ze inmiddels in Utrecht studeert, nog steeds regelmatig onze keuken komt versterken. Evelijn bekende dat ze dol was op zalm uit de oven. Aan Joost de uitdaging om daar een hemels gerecht van te maken.

En zoals dat gaat, net zoals bij het schrijven van een liedje, je moet gewoon beginnen, proeven, uitproberen en vooral openstaan voor spontane invallen. Wat is nou een typisch Zeeuwse Hemel ingrediënt? Waarop de vijgenmosterd zich aandiende. Hoe hou je deze zoete mosterd in balans? Voeg chiliflakes toe. En wat geeft tegenwicht tegen de zachte zalm? Een knapperige crumble. Als je kan beschikken over echt goede, verse ingredienten dan "zingt" een gerecht zichzelf. Dat Evelijn deze zalm nu ook voor haar huisgenoten in Utrecht maakt is het bewijs!

Koop liefst een hele zalm, die je zelf in moten snijdt

Vijgenmosterd van Ton uit Zierikzee, ook lekker op oude kaas!

Spaghetti met pankocrumble

In huize Hiltermann was het vaste recept voor spaghetti vroeger als volgt: er werd een heel net uien geschild, met zonnebril op... De uien werden gebakken met een pond half om half gehakt, tomatenpuree, zout en peper, terwijl ondertussen een pak spaghetti werd gekookt. Goed gemengd, ging het met een flinke laag paneermeel en wat klontjes boter een half uur de oven in. Niks meer aan doen, gewoon goed! Behalve dan dat we het nu met een crumble maken, van parmezaan, oregano, zout, peper en panko!

Panko wordt telkens bekender. Je koopt het bij de toko of de betere supermarkt.

Panko is "light"

Pan (brood) ko (poeder) is het Japanse woord voor paneermeel. Je kan het overal gebruiken, waar standaard paneermeel wordt voorgeschreven. Ooit leerden de Japanners "ons" brood kennen door de Portugese zeevaarders. Ze kwamen erachter, dat als ze het brood droogden, in plaats van bakten en vervolgens tot vlokken maalden, dit een heerlijk krokant korstje aan hun visgerechten gaf. Omdat de Japanse vlokken veel minder vet absorberen dan onze broodkruimels is het eindresultaat met panko "lichter" en knapperiger!

ZALMMOOT MET VIJGENMOSTERD EN PANKOCRUMBLE

Ingrediënten voor 4 personen

olijfolie
4 verse zalmmoten met vel
citroensap
versgemalen peper
200 gram crème fraîche
3 eetlepels vijgenmosterd
4 gedroogde minivijgjes
citroen
300 gram tagliatelle
12 dikke schijven courgette

Pankocrumble

100 gram panko of paneermeel
1 eetlepel chiliflakes
1 eetlepel geel mosterdzaad
3 eetlepels knoflookolijfolie
zeezout

Voorbereiden:

- verwarm de oven voor op 200 graden
- breng ruim water met wat zout aan de kook voor de pasta
- roer de crème fraîche en de vijgenmosterd door elkaar
- roer panko, knoflookolijfolie, chiliflakes, wat zeezout en mosterdzaad door elkaar
- neem een ovenschaal waar de moten naast elkaar in passen en vet in met olijfolie
- besprenkel de zalmmoten aan alle kanten met citroensap en versgemalen peper
- leg de moten met hun vel naar onderen in de ovenschaal
- besmeer de bovenkant met een laagje crème fraîche-vijgenmosterd, hou een deel apart
- strooi de pankocrumble op het laagje crème fraîche-vijgenmosterd
- snij de minivijgjes in dunne plakjes en de citroen in schijfjes
- bak mooie streepjes op de courgetteschijven in een grillpan op hoog vuur

Afmaken:

Zet de **zalm** 12 minuten in de oven en kook ondertussen de **tagliatelle** beetgaar. Verwarm de rest van het **crème fraîche-vijgenmosterdmengsel**, giet de **tagliatelle** af en roer erdoorheen. Leg de **zalmmoten** op voorverwarmde borden. Leg de tagliatelle naast de zalm. Versier de zalm met schijfjes **vijg** en **citroen**. Serveer met de gegrilde **courgette.**

* In plaats van met gegrilde courgette kan je het ook met de "courgette-spaghetti" (recept pagina 78) serveren.

GROENTEFEESTJE UIT DE **HOUTOVEN** IN DE TUIN

Hoe kom je aan een houtoven?

In de zomer wordt het ons bijna dagelijks gevraagd...waar komt die mooie houtoven vandaan? Hoewel we, om de buren te sparen, alleen stoken op windstille dagen, spreekt de oven altijd tot de verbeelding. Toch werd vroeger, ook hier in Nederland, al ons brood in dit soort koepelvormige ovens gebakken! In een kleine fabriek in Portugal worden ze nu weer gebouwd en in Nederland geleverd. Wij hebben onze houtoven op een aantal U-elementen van beton laten zetten. Dat geeft meteen een handige opslagplaats voor een flinke voorraad hout. Wil je zelf een oven in de tuin? Kijk op www.houtoven.com!

Alles uit de houtoven gaat zo heerlijk rokerig smaken!

Zoete broodjes bakken

Met Koninginnedag, toen het nog zo heette, mochten alle Zeeuwse Hemelkinderen, mét aanhang, broodjes komen bakken in de houtoven. Eerst het deeg op een wilgentak spiezen en dan de oven in. Er werd natuurlijk "Oranja" bij gedronken en de warme broodjes werden rijkelijk met suiker bestrooid. De papa's en mama's waren aan het einde van de dag aan de beurt om de ene na de andere pizza te komen verorberen. Koninginnedag was nog nooit zo lekker...Met dank aan onze enthousiaste Constans, die toen nog bij ons werkte en door wie deze dag een gouden randje kreeg!

tip

Wild Wonder tomaten

Als je een bakje "Wild Wonder tomaten" koopt, krijg je een mix van tien verschillende tomatensoorten van over de hele wereld. Ze worden biologisch geteeld door Frank de Koning, in een kas in Tinte, een dorp in het zuid-westen van Nederland. Meestal te koop bij biologische supermarkten en eventueel op aanvraag bij ons te bestellen. Als je goed proeft, smaken ze allemaal een beetje anders. Ze zien er prachtig uit in een salade en maken het gerecht hiernaast tot een echt groentefeestje!

Ingrediënten voor 4 personen

bakolijfolie
400 gram Wild Wonder tomaten
1 groene courgette
1 rode paprika
4 kleine rode uien
1 grote witte ui
12 ongepelde knoflooktenen
500 gram krieltjes in de schil
1 rolletje geitenroomkaas
za'atar
3 laurierblaadjes
chiliflakes
olijfolie

Ben je in het gelukkige bezit van een houtoven, zorg dan dat je op tijd begint met stoken. Het duurt 2 uur voor de oven echt goed warm is. Dan schuif je de gloeiende houtskool naar de zijkant en kan de braadslede in de oven worden gezet.

Voorbereiden:

- snij de courgette een keer overdwars en daarna een paar keer door de lengte
- snij de paprika in repen
- pel de uien
- snij de rode uien in de lengte doormidden
- snij de witte uien in ringen
- neem een grote braadslede en vet deze in met bakolijfolie
- leg alle groente en de aardappeltjes er verspreid in, zet de knoflooktenen ertussen
- maak een klein gaatje in het rolletje geitenkaas en spuit de kaas tussen de groente
- bestrooi flink met za'atar en in iets mindere mate met chilivlokken (naar smaak)
- steek de laurierblaadjes ertussen en giet er wat bakolijfolie overheen
- maak af met een snufje zout (niet teveel, er zit ook al zout in de za'atar)

Afmaken:

Zet de braadslede ongeveer een 30 minuten in de houtoven, **of 45 minuten in een voorverwarmde oven op 200 graden**. Strooi er vlak voor het serveren nog wat **za'atar** over en besprenkel met een goede **olijfolie**.

* Lekker met een (in de houtoven) gebraden kippetje!

INDIASE RODE **KIPCURRY** MET **CHAAT MASALA** SALADE

De wondere wereld van kruiden en specerijen

Toen ik voor het eerst door **Madhur Jaffrey** kennismaakte met de Indiase keuken, was ik wekenlang bezig met nieuwe geur- en smaaksensaties. Ze leerde me vooral om zelf alle specerijenmengsels te maken. Een heerlijk werkje, waarbij je je in India waant.

Garam masala

1 eetlepel kardemomzaad
1 eetlepel komijnzaad
1 eetlepel hele kruidnagels
1 eetlepel zwarte peperkorrels
1/3 nootmuskaatnoot
1 stukje pijpkaneel (5 cm)

Chaithee-specerijen

1 eetlepel paradijszaad
1/2 eetlepel kruidnagel
1 eetlepel anijszaad
1 eetlepel korianderzaad
1/2 eetlepel kardemomzaad
1/2 eetlepel gemberpoeder
2 eetlepels kaneelpoeder

Maal alles in een goed schoongemaakte elektrische koffiemolen en bewaar luchtdicht afgesloten.

tip Chaithee

Maak voor chaithee eerst een pot/kop Darjeeling. Klop dan warme (soya)melk op, met een lepeltje specerijen. Giet de melk op de thee, samen met een scheutje gembersiroop.

Dit geurige boek heb ik met veel plezier vaak aan klanten uitgeleend!

Gember, kaneel en kruidnagel verwarmen je lichaam

Spicy fruitsalade

Chaat masala is een specerijenmengsel uit het noorden van India en Pakistan. Het belangrijkste bestanddeel is amchoor, poeder van gedroogde groene mango. Het woord Am is Hindi voor mango. Chaat masala wordt vooral in fruitsalades gebruikt, bijvoorbeeld met appel of mango. Het gaat ook goed samen met komkommer. Maal onderstaande specerijen in een koffiemolen en meng een eetlepel door de fruitsalade. Maak af met wat citroen- of limoensap.

Chaat masala

35 gram komijnzaad
30 gram peperkorrels
10 gram gedroogde munt
10 gram chilipoeder
75 gram amchoor
20 gram zout
10 gram gemberpoeder

Yoghurtmuntsaus

De lekkerste yoghurtmuntsaus is echt lichtgroen van de munt! Wij nemen 500 ml Turkse (of andere dikke romige) yoghurt en verzamelen hetzelfde volume aan verse muntblaadjes. Neem eerst de helft van de yoghurt en meng dit met de munt. Maal de munt samen met de yoghurt fijn met de staafmixer. Schep er nu de andere helft van de yoghurt door en breng op smaak met zout en peper.

INDIASE RODE **KIPCURRY** MET **CHAAT MASALA** SALADE

Ingrediënten voor 4 personen

zonnebloemolie
1 rode peper in ringetjes
40 gram fijngesneden knoflook
50 gram fijngesneden gember
200 gram uien in ringen
1/2 eetlepel komijnzaad
1/2 eetlepel chilipoeder
1/2 eetlepel korianderpoeder
1 theelepel zout
1 eetlepel garam masala
1 blik tomaten van 400 gram
1 blikje tomatenpuree
1 eetlepel citroensap
800 gram kippendijtjes, in stukken gesneden
korianderblaadjes en een paar cashewnoten (garnering)

Deze curry hebben we afgekeken van Sangam, onze favoriete Indiase "snackbar". We vroegen het recept en moesten het doen met de volgende beschrijving: ui, knoflook en gember "bruin(!) maken", Indiase kruiden, kip en tomaten erbij, tijdje laten sudderen en klaar! Het heeft ons een aantal curry's gekost om de onze net zo lekker te maken, maar het is gelukt!

Voorbereiden:

- zorg dat je alle ingrediënten gesneden en afgewogen klaar hebt staan

Afmaken:

Zet een grote wok of braadpan op het vuur en verwarm een scheut **zonnebloemolie**. Laat hierin het **komijnzaad** rondspringen, tot het lekker gaat ruiken. Doe nu achtereenvolgens de **ui,** de **knoflook**, de **gember** en de **rode peper** erbij. Laat dit bakken tot het goudkleurig is. Voeg **chilipoeder** en **korianderpoeder** toe. Roer door en doe er nu de **tomaten** uit blik (mét het tomatenvocht) en de **tomatenpuree** bij. Laat dit even sudderen en en voeg dan de **garam masala** en **het zout** toe. Maak de saus, terwijl hij op het vuur blijft, wat fijner met de staafmixer, maar niet helemaal glad. Meng nu in een keer **de kip** erdoor en laat 40 minuten sudderen. Breng op smaak met **citroensap**, eventueel extra **zout** en **chilipoeder**. Versier de curry op het bord met wat **korianderblaadjes** en **cashewnoten**. Serveer met **basmatirijst**, **yoghurtmuntsaus** en een **chaat masala salade**, zie het recept hiernaast.

* Meng niet meer hele specerijen dan je nodig hebt, versgemalen hebben ze de meeste smaak.

MAROKKAANSE **TAJINE** MET SCHOUWS **LAMSVLEES** EN **COUSCOUS**

Raz el hanout

Raz el hanout betekent "het hoofd van de winkel": het belangrijkste en beste dat de handelaar te bieden heeft. Het is een typisch Marokkaans mengsel en kan veel verschillende ingrediënten bevatten, afhankelijk van de smaak van de winkelier of de kok! **Het is ook leuk om je eigen raz el hanout te maken.** Probeer je voor te stellen waar je het voor wil gebruiken en ga je neus achterna! Neem in elk geval als basis een eetlepel komijnzaad, een eetlepel kardemomzaad en een eetlepel korianderzaad en mix er naar smaak telkens een theelepel van de volgende specerijen doorheen: karwijzaad, anijszaad, venkelzaad, nigellazaad, paprikapoeder, geelwortel, gemberpoeder, kruidnagel, foelie, nootmuskaat, pijpkaneel, steranijs, pimentkorrels, paradijskorrels, peperkorrels, chilipeper, rozemarijn, rozenblaadjes en lavendel. Vijzel alles grof of maal het niet te lang in een goed schoongemaakte elektrische koffiemolen.

Schouws lamsvlees van maart tot oktober

Op Schouwen - Duiveland grazen de lammeren langs de oosterschelde en de Noordzee, van gras dat overspoeld is met zilte regen en wind. Dit geeft het lamsvlees een kruidige zilte smaak. Het vlees bevat weinig vet en veel gezonde voedingsstoffen.

Vervang het lamsvlees buiten het seizoen door kippendijtjes

Koken in een tajine

Een tajine bestaat uit een schaal met een kegelvormige deksel. Bij het koken slaat de condens neer in het koelere, hoge deel van de deksel en loopt daarna weer terug in de schaal. De smaak blijft zo helemaal in het gerecht! Tajines zijn vaak van aardewerk gemaakt, maar mogen dan alleen op een sudderpitje worden gebruikt. In een gietijzeren tajine kan het hele gerecht van het begin, (op hoog vuur aanbakken), tot einde worden bereid.

tip Zelf citroenen pekelen

Verwijder de waslaag van 8 citroenen door ze even in kokend heet water te leggen en daarna goed schoon te wrijven. Snij ze een stukje in en doe bij elke citroen een theelepel zeezout tussen de helften. Gooi wat zeezout op de bodem van een weckpot. Stop de citroenen er dicht op elkaar in en strooi er een handje zout over. Schenk er het sap van nog eens 4 citroenen bij en sluit de pot goed af. Zet de pot 3 dagen weg. Open de pot en druk de citroenen nog eens goed aan. Vul eventueel bij met wat water zodat alle citroenen volledig onder staan. Sluit de pot weer af en laat de citroenen 4 weken staan voor je ze gebruikt. Eenmaal geopend, zijn de gepekelde citroenen ongeveer een jaar houdbaar.

MAROKKAANSE **TAJINE** MET SCHOUWS **LAMSVLEES** EN **COUSCOUS**

Ingrediënten voor 4 personen

800 gram Schouws lamsvlees (schouder)
bakolijfolie
2 teentjes knoflook
2 uien
500 ml kippenbouillon en 250 ml water
250 gram zwarte ontpitte Taggiasche olijven
8 zoete ontpitte dadels uit Tunesië
2 gepekelde citroenen
sap van 1 citroen
1/2 bosje platte peterselie
1/2 bosje koriander
versgemalen peper
zeezout

Specerijen

1/2 eetlepel paprikapoeder
1 eetlepel komijnzaad
1 eetlepel gemberpoeder
1 eetlepel korianderpoeder
1 blaadje laurier, gekneusd
1 kaneelstok, gebroken
10 draadjes saffraan
1 eetlepel raz el hanout

erbij: couscous

Voorbereiden:

- snij het lamsvlees in stukken en wrijf in met peper en een beetje zout
- snij de uien en de knoflook in stukken
- bereid de kippenbouillon voor
- snij de gepekelde citroenen met schil en al in 4 parten
- snij de peterselie- en de korianderblaadjes in stukjes
- week de saffraan in een klein beetje water

Afmaken:

Verhit de **olijfolie** en bak de stukken **lamsvlees** aan alle kanten aan. Haal het vlees eruit en leg opzij. Stoof de **uien** met de **knoflook** in het braadvocht en voeg dan de **specerijen** toe. Roer goed om en laat even pruttelen. Schenk daarna de **kippenbouillon** erbij. Doe het **lamsvlees** terug in de pan en vul aan met zoveel water dat het vlees net onder staat. Leg de deksel op de pan en laat 40 minuten stoven. Voeg dan de **olijven**, de **dadels** en **gepekelde citroen** toe en kook nog 10 minuten. Doe er op het allerlaatst de **citroensap**, **peterselie** en **koriander** bij. Serveer met **couscous**!

* Bewaar wat koriander om over het gerecht te strooien...

OP DE HUID GEBAKKEN **DIKLIP-HARDER** UIT DE **OOSTERSCHELDE**

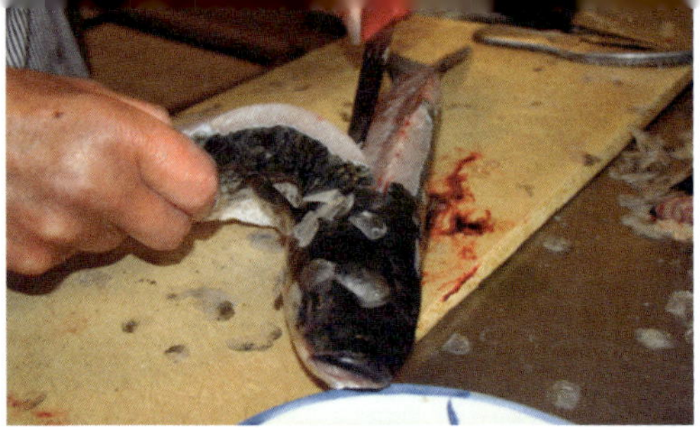

Versgevangen harder uit de Oosterschelde

De "diklip-harder" is een uniek Zeeuws streekproduct, zo genoemd naar zijn dikke bovenlip. Het is een vegetariër: hij eet voornamelijk algen en wier, dus het water waarin hij leeft, bepaalt de smaak. Daarom hebben we er het liefst een uit de schone Oosterschelde. We zagen ze vroeger vaak zwemmen bij onze zeilboot, nu hebben we ze liever op het bord. Vanuit het water komen ze rechtstreeks bij visboer Ko Hoogerheide in Zierikzee, die ze ook nog eens prachtig voor ons fileert.

Het seizoen voor harder is in juli en augustus

Zeekraal

Zeekraal, of "krabbekwaed" op z'n Zeeuws, groeit op de zoute kwelgronden, binnen onze dijken. Vroeger mocht je het vrij snijden, tegenwoordig alleen met vergunning. Tijdens het seizoen, van mei tot eind augustus, kan het meerdere malen worden gesneden. Dit gebeurt nog ouderwets met de hand. Buiten het seizoen wordt het geïmporteerd uit Israël en Mexico, maar de Zeeuwse zeekraal is knapperiger en minder houtig.
Eet hem rauw als hij heel vers is, of maak hem op de lievelingsmanier van onze Eva: bak zalmsnippers, in kwarten gesneden rode ui, knoflook, versgeperst citroensap en zwarte peper in een wok en roer er de laatste 2 minuten zeekraal en pasta door.

tip

Makreelboter met zeekraal

"Juf Jannie" die onze kinderen lesgaf, kwam op een middag met een hele doos vol gerookte makrelen. Haar man had ze zelf gevangen en vervolgens in de tuin goudbruin gerookt. Of wij er ook wat mee konden? Van vriend en kok Wim IJska kregen we de tip om de makreel met gezouten roomboter te mengen. Een heerlijk smeersel dat vervolgens, met wat takjes zeekraal, de hele zomer op de kaart stond!

OP DE HUID GEBAKKEN **DIKLIP-HARDER** UIT DE **OOSTERSCHELDE**

Ingrediënten voor 4 personen

4 diklipharderfilets met vel
2 citroenen
versgemalen peper
zeezout
raz el hanout
bakolijfolie
1 courgette
1 venkelknol
anijszaad
citroenolijfolie

Wij maakten dit recept aanvankelijk met handgevangen zeebaars. Deze vis wordt jammergenoeg met uitsterven bedreigd. Maak het daarom met harder, die ook in de Oosterschelde wordt gevangen.

500 gram krieltjes in de schil
3 teentjes uitgeperste knoflook

Voorbereiden:

- schep de krieltjes om met olijfolie, zeezout en uitgeperste knoflook en pof ze in de oven op 200 graden, eerst 20 minuten in een afgedekte ovenschaal, dan nog 10 minuten op 250 graden in een open ovenschaal, of tot de velletjes goudbruin zijn
- rasp de schil van de ene citroen, pers de andere citroen uit
- snij de courgette in schijven en de venkel in de lengte in hele dunne plakken
- dep de vis droog, wrijf in met olijfolie en bestrooi met peper, zout en raz el hanout
- leg de vis met de huid naar onderen en sprenkel citroensap en citroenrasp over het zachte gedeelte van de vis, laat de huid niet vochtig worden

Afmaken:

Verhit in een grillpan wat bakolijfolie en bak streepjes op de **venkel**, stoof 10 minuten op laag vuur. Bak daarna kort de **courgette** in dezelfde pan. Schep om met 1 eetlepel **anijszaad**, **zout** en **peper.** Bak nog 1 minuut en hou warm. Verhit **bakolijfolie** minstens 1 minuut op hoog vuur in een antiaanbakpan en leg **de harder** er voorzichtig met de huid naar onderen in. Beweeg zo min mogelijk, anders komt het uitgelopen vocht in contact met het vel en wordt dat niet meer knapperig. Zet het vuur lager en bak een paar minuten tot het vlees grotendeels wit is. Draai de vis dan om en bak nog anderhalve minuut op hoog vuur. Leg **de harder** en de **groenten** op de borden, giet er een beetje **citroenolijfolie** over en serveer met de **gepofte krieltjes**.

* Dit gerecht kan met elke witvis worden gemaakt.

huiswijn bij de

WELKE **WIJNEN** DRINKEN WE **ERBIJ?**

Speciaal voor dit kookboek hebben presentatrice én vinologe Astrid Joosten en Thérèse Boer van de Librije, wijnen gekozen bij onze hoofdgerechten. Ze zijn tot spannende adviezen gekomen! Samen hebben zij een internetwijnwinkel www.astridentherese.nl. Hun wijnen staan op onze kaart én zijn bij ons te koop.

"Het kiezen van de juiste wijn bij een gerecht, kan een enorme meerwaarde geven aan je maaltijd. Eén en één is drie, zeggen wij altijd. Met een echt passende wijn wordt eten een feest. Old school denken is: rood bij vlees, wit bij vis, maar dat is veel te simpel. Het gebruik van kruiden of een saus bepaalt de smaak van een gerecht veel meer dan het hoofdingrediënt. Zo kan het zijn dat bij kip heel goed witte wijn past en bij een vegetarisch gerecht rood..."

Astrid & Thérèse

PASTA MET **CHORIZO**, **ROZEMARIJN**, **KNOFLOOK** EN **PIMENTÓN**

Lekker kruidig en pittig. Vraagt om een ronde zwoele rode wijn:
Spaanse Tempranillo, bijvoorbeeld Rioja.

ARTISJOKKENTAART MET **SPINAZIE**, **GEITENKAAS** EN **OREGANO**

Vanwege de spinazie en geitenkaas, kiezen we een wat lichtere rode wijn:
Pinot Noir (gekoeld!).

ZALMMOOT MET **VIJGENMOSTERD** EN **PANKOCRUMBLE**

Bij deze lekkere gezonde vette vis kiezen we een lekkere 'vette' wijn:
Chardonnay.

GROENTEFEESTJE UIT DE **HOUTOVEN** IN DE TUIN

De aanwezige tomaten en uien zijn zoete groenten en ook de geitenkaas vraagt om 'fris':
Spaanse witte Verdejo. Alternatief is een Sauvignon blanc.

INDIASE RODE **KIPCURRY** MET **CHAAT MASALA** SALADE

Kruiden als komijnzaad, gember en koriander verdragen niet gemakkelijk een al te droge wijn,
dus bijvoorbeeld: Pinot Blanc.

MAROKKAANSE **TAJINE** MET SCHOUWS **LAMSVLEES** EN **COUSCOUS**

Bij een tajine met lamsvlees en couscous kiezen we:
Valpolicella, rood uit Italië.

OP DE HUID GEBAKKEN **DIKLIP-HARDER** UIT DE **OOSTERSCHELDE**

Niet de vis zelf, maar het anijszaad vraagt om een bijzondere droge witte wijn:
Rioja Blanco.

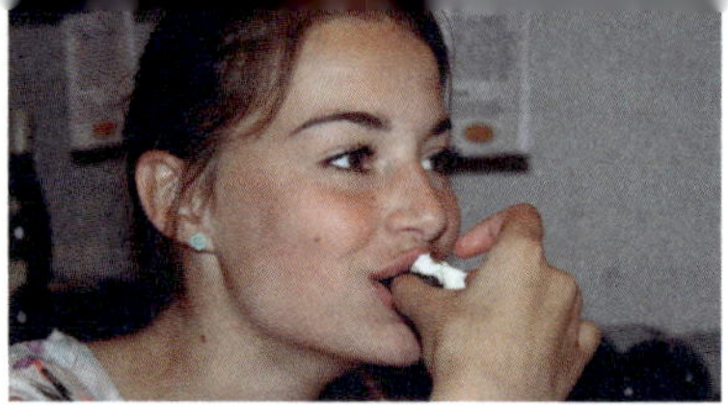

72

80

68

22

76

SOEP

GEROOSTERDE **POMPOENSOEP** MET **RAZ EL HANOUT** EN **QUINOA**

Gepofte quinoa met raz el hanout en zeezout

Quinoa kan je kant en klaar gepoft kopen, maar je kan het ook zelf poffen, net zoals popcorn. Verhit een pan met een dikke bodem en laat 1 kopje quinoa poffen met de deksel erop, tot je niks meer hoort. Verwarm wat olie in een bakpan, strooi er 2 eetlepels raz el hanout en wat zout bij, roer even om. Voeg dan een kopje gepofte quinoa toe, blijf nog 30 seconde roeren en haal van het vuur. Laat even afkoelen.

Rooster ook eens parten pompoen met anijszaad en knoflook!

Zoete worteltjes in appelsap

1 bos worteltjes
3 eetlepels knoflookolijfolie
flink stuk verse gemberwortel
250 ml appelsap
zeezout en versgemalen peper

Boen de worteltjes schoon, bak ze in de olie even aan en rasp de gember eroverheen. Stoof 10 minuten en blus dan af met appelsap. Laat zonder deksel zachtjes sudderen tot de sap is ingedikt en de wortels zacht zijn. Breng op smaak met zout en peper en een scheutje knoflookolijfolie.

Al jaren zijn wij onder de indruk, van de overheerlijke appelsap van het biologisch-dynamische fruitbedrijf De Muyehof in Nieuwerkerk, hier op ons eiland.

Fruitteler Pieter Jans Jansonius weet elk jaar te verrassen met een nieuwe blend van zijn beste rassen en vindt telkens de perfecte balans tussen zoet en zuur. Hij won met zijn appelsap zelfs de appelsaptrofee: fruittelers proeven blind elkaars product en bepalen zo welke sap dat jaar het lekkerst is. Wij schenken de sap natuurlijk in de Zeeuwse Hemel, maar gooien hem ook graag door onze soep en over de worteltjes!

GEROOSTERDE **POMPOENSOEP** MET **RAZ EL HANOUT** EN **QUINOA**

Ingrediënten voor 4 personen

2 oranje pompoenen
2 tenen knoflook
bakolijfolie
2 uien
3 cm verse gember
raz el hanout
1 groentebouillonblok
1/2 fles boerenappelsap
zeezout
versgemalen peper
potje zachte Zeeuwse schapenkaas
gepofte quinoa

Deze soep komt elk najaar terug op de kaart. Je wordt letterlijk en figuurlijk warm van binnen als je de eerste hap neemt. Een "herinneringssoep" om telkens naar terug te verlangen!

Voorbereiden:

- rooster 2 pompoenen in een braadslede in de oven, 40 minuten op 180 graden
- snij de uien en knoflook in stukken
- schil de gember en rasp fijn
- verkruimel het groentebouillonblok
- halveer de pompoenen, schep met een vork de pitten eruit
- maak de gepofte quinoa met raz el hanout volgens het recept hiernaast

Afmaken:

Bak de **uien** en de **knoflook** glazig in **bakolijfolie**. Voeg 1 eetlepel **raz el hanout**, de geraspte **gember** en het **groentebouillonblok** toe en laat even roerbakken. Doe er een scheutje water bij als het dreigt aan te bakken. Gooi de **pompoenen** met schil en al in de pan, roer goed om en laat even stoven. Schenk er nu een halve fles **boerenappelsap** bij en ongeveer 500 ml water, laat aan de kook komen en pureer alles met de staafmixer. Voeg extra water toe als de soep nog te dik is. Breng op smaak met **versgemalen peper** en **zeezout.** Serveer met zachte **Zeeuwse schapenkaas** en **gepofte quinoa** met **raz el hanout**.

* Omdat we de pompoen met schil en al gebruiken, nemen wij altijd het liefst biologische pompoenen.

AARDPERENSOEP MET **VIJGENMOSTERD** EN **SESAMZAAD**

We maakten deze soep voor het eerst in december 2010, toen we een grote emmer vol modderige aardperen kregen aangeboden, uit de moestuin van een van onze gasten. Ongelofelijk dat je daar zo'n roomwit soepje van zou kunnen maken. Gelukkig was de soep echt heel lekker en dat maakte het eindeloze schoonboenen van de knolletjes goed.

Aardperen worden geoogst vanaf de eerste vorst

What's in a name?

Wist je dat de smaak van aardperen heel erg lijkt op die van artisjokken? De aardpeer wordt daarom ook wel Jeruzalem-artisjok genoemd. Dat is weer een verbastering van het Italiaanse girasole articiocco (zonnebloemartisjok) en heeft dus helemaal niks met Jerusalem te maken. In Frankrijk heette een aardpeer vroeger "poire de terre" maar tegenwoordig is hij daar bekend onder de naam "topinamboer".

tip Voor altijd aardperen...

Een vriendin van ons stak voor de grap eens een overgebleven aardpeer in een van de potten op ons terras. Nadat de aardpeer eerst een enorme staak had geproduceerd en zelfs was gaan bloeien, konden we een paar maanden later een veelvoud van die ene aardpeer oogsten! En de knolletjes die we lieten zitten gaven ook weer een nieuwe oogst. Met een beetje geluk kun je dus voor altijd gratis aardperen eten. We waren wel blij dat die vriendin de aardpeer in een pot stopte en niet direct in de tuin. Daar kan het namelijk behoorlijk uit de hand lopen, voor je het weet heb je een aardperenplaag (of een hele mooie aardperenhaag!).

Heb je hele jonge aardperen bemachtigd, dan kan je die, in dunne plakjes, ook rauw eten. Bijvoorbeeld gemarineerd in wat hazelnootbalsamico en olijfolie.

Sesamzaad barst letterlijk uit zijn rijpe peul. Daar komt de uitdrukking "sesam open u" vandaan! Van sesamzaad wordt tahin gemaakt, een pasta die de basis is voor bijvoorbeeld hummus.

AARDPERENSOEP MET VIJGENMOSTERD EN SESAMZAAD

Ingrediënten voor 4 personen

750 gram schone aardperen
3 eetlepels bakolijfolie
2 witte uien
3 knoflooktenen
1 tak rozemarijn
2 laurierblaadjes
2 groentebouillonblokken
versgemalen peper
zeezout
sesamzaad
vijgenmosterd
citroensap

Als je aardperen koopt, let er dan op dat ze hard en knapperig aanvoelen. Je hoeft ze in principe niet te schillen, goed schoonboenen is voldoende. Voor deze soep is het aan te raden ze wél te schillen, omdat dan de kleur zo mooi roomwit wordt.

Voorbereiden:

- snij de uien en de knoflook in stukken
- kneus de laurierblaadjes
- verkruimel de groentebouillonblokken
- schil de aardperen en snij ze in plakken
- besprenkel de aardperen met citroensap tegen het verkleuren

Afmaken:

Bak de **uien** en de **knoflook** glazig in **bakolijfolie**. Voeg de **laurier**, de hele tak **rozemarijn** en de verkruimelde **groentebouillonblokken** toe en laat even roerbakken. Doe er een **scheutje water** bij als het dreigt aan te bakken. Gooi de **aardperen** nu in de pan, roer goed om en laat even stoven. Schenk er **anderhalve liter kokend water** bij en kook nog 20 minuten. Haal de **laurier** en de **rozemarijn** eruit en pureer alles met de staafmixer. Voeg eventueel wat **water** toe als de soep nog te dik is. Breng op smaak met **versgemalen peper** en **zeezout.** Serveer met één theelepel **vijgenmosterd** per soepkop en bestrooi met **sesamzaad**.

* Oogst nooit meer aardperen dan je nodig hebt, ze blijven het beste goed onder de grond. In de groentela zijn ze maar 4 dagen houdbaar.

SINAASAPPEL VENKELSOEP MET **TOMAAT** EN **VIJGDADELAZIJN**

De combinatie venkel met sinaasappel, is een klassieker uit de Italiaanse keuken. De fijngeschaafde venkel, platte peterselie, Taggiasche olijven, sinaasappel, venkelgroen, sinaasappelsap, ruim olijfolie, zout en peper, vormen samen een prachtig fris voorgerecht.

In Italië wordt per jaar 6 kilo venkel pp gegeten, hier maar 3 ons

Leve de Benriner mandoline

Al sinds de jaren vijftig, bestaat er in Japan een heel handig keukengerei, de “Benriner Mandoline”, waarmee je zowel flinterdunne plakjes als perfecte juliennereepjes kunt snijden. Aanvankelijk gemaakt van hout en tin, kreeg het apparaat pas echt een vlucht toen het van plastic werd vervaardigd. Het wordt wereldwijd verkocht voor nog geen vijf tientjes en je hebt er een levenlang plezier van. De kracht zit in de simpele manier om elke schaafdikte te kunnen instellen. Een venkelknol in flinterdunne plakjes schaven is een “piece of cake” met een Benriner. Pas wel op je vingers, gebruik altijd de bijgeleverde beschermslede tijdens het schaven.

Reclamebord uit 1969

Spaghetti van courgette

Courgette heeft van zichzelf weinig smaak. Als ze knapperig vers zijn kun je ze met schil en al eten. De Benriner maakt er zonder moeite prachtige “spaghetti” van, voor een bijzonder bijgerecht.

Besprenkel de courgette-spaghetti met citroensap, olijfolie, peper en zout en rasp er wat verse mierikswortel doorheen. Is dat niet te krijgen, dan kan je ook een theelepel mierikswortelpasta uit een tube nemen.
Is dat er ook niet, kies dan wasabipasta of pittige mosterd.

SINAASAPPEL VENKELSOEP MET TOMAAT EN VIJGDADELAZIJN

Ingrediënten voor 4 personen

2 stevige venkelknollen
1 blik met 400 gram tomaten
bakolijfolie
1 sinaasappel
2 tenen knoflook
vijgdadelazijn
150 ml sinaasappelsap
venkelzaad
zeezout
versgemalen peper

Deze soep zet je telkens op een ander been, je proeft venkel, dan weer sinaasappel en daarna tomaat. Hij is gebaseerd op een Italiaans recept waar de sinaasappels met schil en al de soep ingingen. Dat was iets te bitter. Deze versie is onze vaste voorjaarssoep.

Voorbereiden:

- bewaar het venkelgroen en schaaf de venkel in dunne plakjes met een mandoline
- schil de sinaasappel en snij de partjes in stukjes
- snipper de knoflook fijn
- pers 150 ml sinaasappelsap
- rooster 2 eetlepels venkelzaad heel kort in een droge koekenpan en wrijf fijn in vijzel

Afmaken:

Zet de **venkel** net onder water in een grote pan en breng aan de kook met wat **zout**. Giet de venkel af als hij zacht is, maar bewaar het **venkelwater**. Verwarm wat **bakolijfolie** in een koekenpan en bak de **knoflook** op zacht vuur glazig. Voeg de **sinaasappelstukjes**, een eetlepel gemalen **venkelzaad** en versgemalen **peper** toe en bak 2 minuten mee. Schenk een scheutje **vijgdadelazijn** erbij en roer om. Schep het **knoflook-sinaasappelmengsel** bij de **venkel** en voeg de uitgelekte **tomaten** toe. Roer door elkaar en schenk de **sinaasappelsap** en 150 ml **venkelvocht** erbij. Laat 20 minuten zachtjes pruttelen met de deksel op de pan. Pureer de soep met de staafmixer glad. Verdun eventueel nog met wat **venkelwater**, proef en breng op smaak met **peper** en **zout**. Bestrooi de soep bij het serveren met **venkelgroen** en **venkelzaad**.

* Je kan venkel, in kwarten gesneden, even blancheren en dan maanden in de vriezer bewaren.

TOMATENSOEP MET **BASILICUMPESTO** EN **PIJNBOOMPITTEN**

Tomaten in blik en pesto uit een potje vormen samen de gouden combinatie voor onze tomatensoep. We ontdekten onze lievelingspesto bij een biologische groothandel. Hij wordt gemaakt door het familiebedrijf “Artigiana de Genovese” uit Ligurië. Voor hun pesto gebruiken ze alleen de allerbeste Basilicum Genovese die daar in het open veld groeit. Wij nemen altijd de pesto vegetale (zonder kaas!), omdat die het smeuïgst is en echt smaakt naar versgemaakte pesto.

Een pot basilicum in de vensterbank beschermt tegen vliegen!

Pomodori San Marzano D.O.P.

De beste Italiaanse tomaten zijn zonder twijfel de San Marzano tomaten uit de vallei van Agro Sarnese-Nocerino, halverwege Napels en Salerno. Je herkent ze aan de ovale vorm. Het zijn de lievelingstomaten van topkoks uit de hele wereld. Ze rijpen zolang mogelijk in de zon, hebben dikker vruchtvlees, minder zaden en een sterke smaak, waarbij zoet en zuur volledig in balans zijn. Deze tomaten hebben een eigen D.O.P., net zoals de Basilicum Genovese: de herkomst is beschermd, ze mogen alleen uit het vastgestelde gebied komen. De smaak komt het beste tot zijn recht als je ze even inkookt.

Ook voor pizza’s maak je de beste basissaus met deze tomaten. Met mozzarella en een blaadje basilicum kan je **Napelse Pizza Margherita** niet meer stuk.

Nog meer tomatensoep, maar dan koud

We denken altijd dat gazpacho typisch Spaans is, maar de Romeinen maakten het al van oud brood, knoflook, olie, azijn en water. “Caspa”, betekent “restjes” in het Latijn. De gazpacho die wij elke zomer serveren, is gebaseerd op het meest eenvoudige Spaanse recept:

Meng in een blender 2 sneetjes oud wit brood met 400 gram in kwarten gesneden tomaten, 2 teentjes knoflook, 1 groene paprika, 3 eetlepels olijfolie, 1 eetlepel sherryazijn, peper, zout en een klein blikje geconcentreerde tomatenpuree. Voeg eventueel in het begin een scheutje water toe als het blenden niet op gang komt. Zet een paar uur in de ijskast en serveer met fijngesneden stukjes paprika, ui, komkommer en in knoflookolie en zout gebakken stukjes desembrood.

TOMATENSOEP MET BASILICUMPESTO EN PIJNBOOMPITTEN

Ingrediënten voor 4 personen

bakolijfolie
1 kleine witte ui
1 teentje knoflook
2 blikken gepelde San Marzano tomaten
1 groentebouillonblokje
200 ml water
1 potje pesto
olijfolie
zeezout
versgemalen peper
2 eetlepels pijnboompitten
verse basilicumblaadjes
2 cherrytomaatjes

Dit klinkt als een wel erg eenvoudig recept. Maar het wordt onweerstaanbaar als je de juiste ingrediënten gebruikt! Neem dus echt die San Marzano tomaten uit blik en die geweldige pesto uit een potje en je weet niet wat je proeft!

Voorbereiden:

- snipper de ui in kleine stukjes
- snij het teentje knoflook fijn
- verkruimel het groentebouillonblokje
- rooster de pijnboompitten 8 minuten in de oven op 180 graden, roer na 4 minuten om
- verdun 1 eetlepel pesto met wat olijfolie

Afmaken:

Verwarm wat **bakolijfolie** in een soeppan en bak hierin eerst de **ui** glazig en daarna de **knoflook**. Bak kort het verkruimelde **bouillonblokje** mee en blus af met 200 ml **water**. Doe nu voorzichtig de **tomaten** erbij, met het **tomatenvocht**. Hoe langer de tomaten in hun geheel meesudderen, hoe zoeter de smaak van de soep. Doe de deksel op de pan en laat minimaal een half uur pruttelen op zacht vuur. Roer er dan de rest van het potje **pesto** doorheen. Laat even meesudderen en pureer de soep daarna grof met een staafmixer. Breng op smaak met **peper** en **zout**. Voeg eventueel wat water toe als de soep te dik is. Serveer met verse **basilicumblaadjes**, **pijnboompitten,** een doorgesneden **cherrytomaatje** en een klein straaltje **pesto,** verdund met **olijfolie**.

* Schep deze pesto ook lekker over een pasta penne met wat buffelmozzarella en pijnboompitten

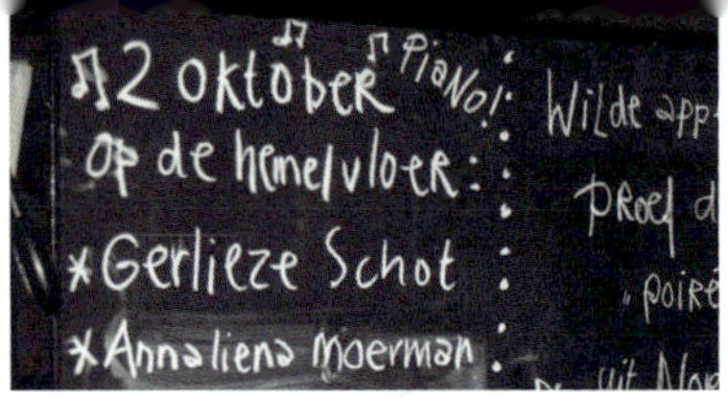
2 oktober
PiaNo!
Op de hemelvloer:
*Gerlieze Schot
*Annaliena Moerman

Pater Lieven

en de zee van het land
de einder oneindig

BETIS
BETIS
BETIS
Spanish Olive Oil
BETIS
BETIS

ster
anijs

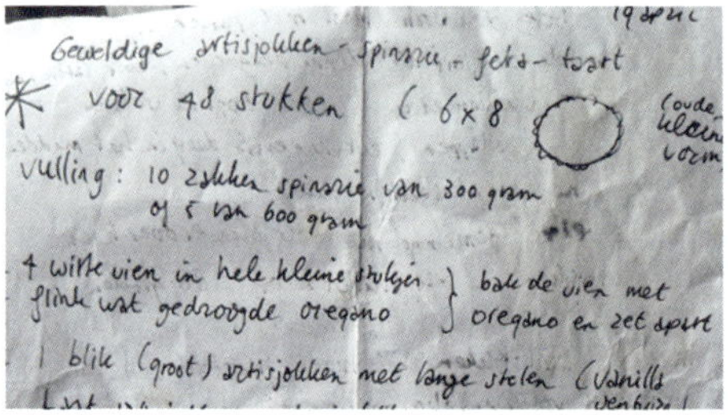
Geweldige artisjokken - spinazie - feta - taart
voor 48 stukken 6 x 8
vulling: 10 zakken spinazie van 300 gram
of 5 van 600 gram
4 witte uien in hele kleine stukjes
flink wat gedroogde oregano
bak de uien met oregano en zet apart
1 blik (groot) artisjokken met lange stelen

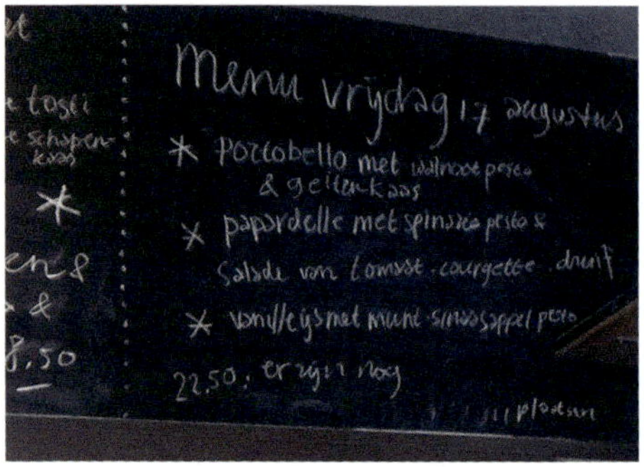
Menu vrijdag 17 augustus
* Portobello met walnoot pesto & geitenkaas
* pappardelle met spinazie pesto & salade van tomaat, courgette, druif
* vanille-ijs met munt-sinaasappel pesto
22,50, er zijn nog

ZEEUWSE SCHAPENKAAS
Schapenhouderij Breel
Bieweg 8, Veere. Tel/Fax 0118

90

94

98

52

102

106

SALADE

RIJSTSALADE MET **AVOCADO, CASHEWNOOT** EN **RODE PEPER**

"The perfect salad" voor Anna en Przemek

Als je een keer spontaan een salade op tafel tovert, is het des te leuker om te horen dat je gasten hem jaren later nog steeds precies zo klaarmaken, omdat hij zo lekker was!

Dit overkwam ons met de salade op de pagina hiernaast, voor Anna en Przemek, onze Poolse vrienden die al jaren tegenover ons wonen. De Poolse keuken is niet zo bekend met exotische ingrediënten als zwarte rijst en avocado. Jarenlang waren dat soort zaken daar natuurlijk ook niet verkrijgbaar. Maar nu is er bij Anna en Przemek geen houden meer aan en heeft deze salade een vaste plek op hun tafel verworven! Dat Anna inmiddels ook een vaste aanstelling in onze keuken heeft, is vast geen toeval.

Door alle eiwitten en mineralen is zwarte rijst heel gezond

Riso Venere, zwarte rijst van de Povlakte

Zwarte rijst bestaat al eeuwenlang in China. Vroeger werd het "verboden rijst" genoemd en mocht het alleen gegeten worden door de keizer. Ook nu wordt de rijst nog steeds als kostbaar voedsel gezien. Door de rijkdom aan eiwitten en mineralen wordt het vooral door oude mensen, zwangere vrouwen en zieken gegeten. De riso venere is een kruising tussen de Chinese en een Italiaanse rijstsoort en wordt sinds een aantal decennia op de Povlakte verbouwd. Het heeft daar de reputatie van "uniek streekproduct" verworven. Riso Venere is niet alleen gezond, maar vooral ook erg lekker. De rijst geurt naar vers gebakken brood en heeft een nootachtige, zoete smaak.

tip

Getoast desembrood met avocado en zachte schapenkaas

Heb je nog wat avocado over, maak er dan een typische Zeeuwse Hemeltosti van! Beleg twee plakken desembrood met een paar blokjes zachte schapenkaas en wat plakjes avocado. Leg op elkaar, giet er wat olijfolie op en toast ongeveer 5 minuten in een tosti-ijzer. Eet met zoete chilisaus.

RIJSTSALADE MET AVOCADO, CASHEWNOOT EN RODE PEPER

Ingrediënten voor 4 personen

100 gram veldsla
2 avocado's
100 gram rauwe cashewnoten
150 gram zwarte rijst (riso venere)
200 gram hüttekäse (of cottage cheese)
1 rode peper
zeezout
versgemalen peper
sap van 2 citroenen (5 eetlepels)
olijfolie

Let op:
Als cashewnoten net uit de oven komen zijn ze nog zacht. De warmte heeft de olie uit de noten naar buiten gedreven. Tijdens het afkoelen wordt de olie weer geabsorbeerd, waardoor ze hun knapperigheid terugkrijgen!

Voorbereiden:

- verwarm de oven voor op 180 graden
- beleg de bodem van een braadslede met bakpapier
- strooi de cashewnoten er op, zoveel mogelijk los van elkaar
- bak in 12 minuten goudkleurig, roer halverwege de baktijd een keer om
- bestrooi met zout, roer door en laat minstens 1 uur afkoelen
- breng de rijst in ruim koud water aan de kook. Dek de pan af met een deksel en kook 40/45 minuten. Laat vervolgens goed uitlekken, het water is paars!
- snij de avocado in mooie maantjes, besprenkel met citroensap tegen verkleuren
- snij het topje van de rode peper, steek er een scherp mesje in en draai rond zodat pitjes en zaadlijsten los komen. Schud de pitjes eruit, snij de peper in ringetjes

Afmaken:

Verdeel de **veldsla** over 4 bordjes. Strooi daarop de **zwarte rijst**. Schep de **hüttekäse** erop. Leg de **avocadostukjes** er verspreid tussen. Bestrooi met de ringetjes **rode peper** en de **cashewnoten**. Besprenkel royaal met **olijfolie** en per bordje 1 eetlepel **citroensap**. Breng op smaak met **zeezout** en **peper.**

* Je kan deze salade ook heel goed met rode quinoa maken.

SALADE GEROOSTERDE **AUBERGINE** EN GEKARAMELISEERDE **UI**

Aubergines kiezen

Aubergines bestaan er in verschillende soorten en maten. Welke kun je het beste nemen? Je hebt ze lang en smal, groot en bol en zelfs klein (wit) en rond, vandaar de Engelse naam "eggplant". Oorspronkelijk komen ze uit India. Daar is de aubergine al eeuwenlang populair in de keuken. Onze eigen favoriet is de "slanke" aubergine, die je koopt bij de Turkse supermarkt. De westerse bolle aubergine is wel sappiger, maar daardoor ook een beetje waterig. Bovendien heeft ie meer bittere pitjes. Neem hoe dan ook altijd een glanzend, gaaf en veerkrachtig exemplaar met een frisgroen kroontje. Oude aubergines zijn mat van kleur en zullen sponzig en bitter smaken. Aubergines kun je, op een koele plek buiten de ijskast, een week bewaren. Eet ze nooit rauw, want dan zijn ze giftig!

In India werd de aubergine vroeger liefdesappel genoemd

Neem voor deze salade de zachte Zeeuwse schapenkaas van schapenhouderij Breel uit Veere.

Aubergine à la Française

Jaren geleden, op vakantie met Joost in de Provence, zagen we een klein restaurantje met een uitbundige hoeveelheid intens geurende basilicum in grote potten op de vensterbank. We bestelden allebei een hele aubergine, die eerst een half uurtje in zijn geheel had liggen poffen in de oven en daarna was doorgesneden tot zijn kroontje. Vervolgens was ie opengeklapt, besprenkeld met olijfolie, een klein beetje fijngesneden knoflook, een paar druppeltjes citroensap en een heleboel versgeplukte kleine basilicumblaadjes uit de potten op de vensterbank. Een onvergetelijk gerecht!

Ocimum basilicum 'Minimus': een kleinbladige basilicumsoort met een kruidnagelachtige geur.

tip

Baba Ganoush

Voor een heerlijke auberginedip pof je een aubergine, geprikt aan een vleesvork, al draaiend in de gasvlam van je fornuis, tot hij zwart blakert. Rol hem in een oude krant en laat hem afkoelen. Trek de schil er af en meng het vruchtvlees met een eetlepel tahin (sesampasta), knoflook, citroensap, komijn, peper, zout en wat versgesneden muntblaadjes.

SALADE GEROOSTERDE **AUBERGINE** EN GEKARAMELISEERDE **UI**

Ingrediënten voor 4 personen

2 grote of 4 kleine aubergines
2 grote rode uien
75 gram veldsla
25 gram rucola
1 pot zachte Zeeuwse schapenkaas
50 gram groene pepitapitjes
bakolijfolie
zeezout
versgemalen peper
pesto en olijfolie
Zeeuwse Hemel edik of balsamico
verse basilicumblaadjes

Voorbereiden:

- verwarm de oven voor op 180 graden
- neem twee grote braadsledes of ovenschalen
- beleg de bodem met bakpapier en besprenkel met bakolijfolie
- haal de kroontjes van de aubergines en snij ze in de lengte doormidden, leg dan elke helft plat neer en snij in de lengte in 2 of 3 repen en daarna overdwars in 2-4 stukken, afhankelijk van de grootte
- schil de uien en snij ze overdwars in plakken van minimaal 1 cm dik
- leg de aubergines op hun schil in de ene en de plakken rode ui naast elkaar in de andere braadslede en besprenkel royaal met bakolijfolie, zeezout en peper
- zet de braadsledes in de oven en bak ongeveer 40 minuten, houd wel in de gaten dat de aubergines en uien niet verbranden, bedek de braadsledes eventueel tussentijds met aluminiumfolie

Afmaken:

Verdeel de **veldsla** en de **rucola** over 4 bordjes. Leg daar bovenop in een mooie compositie de nog lauwwarme **aubergine,** de **rode ui,** de zachte **schapenkaas, pepita**pitjes en paar blaadjes **basilicum**. Roer wat **pesto** los met **olijfolie** en leg gelijkmatig wat dotjes op de salade. Besprenkel met **Zeeuwse Hemel edik** of balsamico en serveer direct.

* Heb je geen pesto, maak de salade dan af met basilicumolijfolie

SALADE GEMARINEERDE **SCHAPENKAAS** MET **ZA 'ATAR** EN **TOMAAT**

Een jampotje met za'atar

Het kruidenmengsel za'atar wordt telkens populairder en wij begrijpen waarom! Al in ons eerste jaar kwam Anjo een jampotje met dit bijzondere mengsel brengen. Ze nam het mee uit de Palestijnse gebieden, waar ze net als vredesvrijwilliger was geweest. "Dit moet je proeven! Samen met een goede olijfolie is het heerlijk met jullie desembrood." De inhoud van het jampotje was gauw op, waarna we het zelf opspoorden, inkochten en gingen verkopen. Wat het zo bijzonder maakt, is de inheemse wilde tijmsoort, die een beetje naar oregano smaakt, maar hier niet voorkomt. Het wordt gecombineerd met geroosterd sesamzaad, sumac (dat lekkere gedroogde zuurbesje uit Turkije) en zeezout. Alhoewel de wilde tijm op zichzelf al za'atar heet, wordt ook het mengsel zo genoemd. Heerlijk over gepofte aardappeltjes uit de oven.

Palestijnen eten za'atar dagelijks als ontbijt met olie en brood

Neem voor deze salade de harde Zeeuwse schapenkaas van schapenhouderij Breel uit Veere.

Tomaatjes (half) drogen

250 gram halve kleine tomaatjes
1 teentje knoflook in dunne plakjes
3 eetlepels citroentijm
6 eetlepels olijfolie
zeezout

Tomaatjes op deze manier gedroogd, worden ook wel "semi sec" genoemd. Verwarm de oven voor op 100 graden. Meng 3 eetlepels olijfolie, de citroentijm en de knoflook met de tomaatjes. Bekleed een grote braadslede met bakpapier en leg de tomaatjes er met de platte kant naar boven in. Bestrooi met zeezout. Zet de braadslede 2 - 2,5 uur in de oven. Vul een afsluitbaar bakje of schone weckpot met de tomaatjes en schenk er de laatste 3 eetlepels olijfolie over zodat de tomaatjes allemaal glimmen. Bij ons staan ze ook op de kaart in combinatie met gebakken champignons en in olijfolie getoast desembrood. Kom 't proberen of maak het zelf!

tip Blij met oude tomaten!

Van mijn Franse vriendin Sophie kreeg ik eens een supersimpel recept, om van wat oudere tomaten een heerlijk bijgerecht te maken: halveer de tomaten en leg ze op een laagje olijfolie, met de bolle kant naar boven, in een ovenschaal. Steek er wat ongepelde knoflooktenen tussen en bestrooi ze met een beetje rietsuiker en zeezout. Zet een halfuur in een voorverwarmde oven (180 graden). Als de tomaten goudbruin gekarameliseerd zijn, is het klaar. Eet een knoflookteentje zo uit z'n jasje door het zachte gedeelte er voorzichtig uit te knijpen. Lekker met merquezworstjes.

SALADE GEMARINEERDE **SCHAPENKAAS** MET **ZA 'ATAR** EN **TOMAAT**

Ingrediënten voor 4 personen

350 gram Zeeuwse harde schapenkaas of Spaanse Manchego
8 hele gedroogde Spaanse chilipepertjes
3 eetlepels za'atar
250 ml knoflookolijfolie
3 gepelde teentjes knoflook
versgemalen peper
1 theelepel zeezout
80 gram geroosterde cashewnoten
4 eetlepels zongedroogde tomaatjes, semi sec (zie recept hiernaast)
25 gram rucola
75 gram veldsla

Voorbereiden:

- haal de schil van de schapenkaas
- snij de kaas in ongelijkmatige repen van 2-4 mm dik
- meng de knoflookolijfolie met de za'atar, de hele pepertjes, peper en zeezout
- snij de teentjes knoflook in zo dun mogelijke plakjes
- schep de kaas en de knoklook door de olie, zorg dat de kaas helemaal onder staat
- dek af en laat minimaal één nacht marineren
- snij de zongedroogde tomaatjes in kleine stukjes

Afmaken:

Verdeel de **veldsla** en de **rucola** over 4 bordjes. Schep de **gemarineerde schapenkaas** voorzichtig door de sla. Bestrooi met de **cashewnoten** en de **zongedroogde tomaatjes**. Sprenkel er ook wat van de **marinade-olie** over. Let op dat de pepertjes niet meekomen, die zijn (voor de meeste mensen) te scherp om zo te eten.

* De schapenkaas moet minimaal één nacht marineren, begin dus op tijd met voorbereiden, maak gerust wat meer, want de kaas is zo maanden houdbaar!

SALADE MET **TOMAATJES, AARDBEI** EN **BUFFELMOZZARELLA**

De aanloop van dit kookboek is niet los te zien van de receptkaarten, die we in het begin maakten en die al gauw enthousiast werden gespaard! Favoriet was "Lunchrecept nr 3" met het recept op de pagina hiernaast. Een bijzondere salade met een "ravissante" combinatie van smaken, zoals Petra, een van onze eerste vaste gasten, het noemde. Zij dronk er het liefst verse muntthee bij.

Gebruik vijgdadelazijn ook in een winters stoofpotje!

Ode aan de vijgdadelazijn

Van geen enkele azijn hebben we de afgelopen jaren zoveel flesjes verkocht als van vijgdadelazijn. De route naar de plank waar ze aanvankelijk stonden, werd een uitgesleten spoor op de houten vloer! Nu ze voor in de winkel staan, lopen mensen nog steeds automatisch naar achteren. Hoe vaak we niet gehoord hebben "dat dit de enige azijn was waarmee je manlief aan de salade kreeg", "dat dit een azijn was die niet zo naar azijn smaakte", "dat je hem bijna als likeurtje kon drinken", "dat ie mee moest naar de familie in het buitenland" en "of we even een jaarvoorraadje konden opsturen"... Kortom, onmisbaar geworden voor velen!

Een basilicum plantje verzorgen

Plant de basilicum over in een ruimere pot met gaatjes in de bodem. Zet deze pot in een schaaltje met een klein beetje water. Geef nooit water op de blaadjes of de aarde. Als je de blaadjes oogst, pluk ze dan alleen van de bovenste top en laat altijd minimaal wat blad aan de steel zitten. Hierdoor wordt de plant voller.

tip Zonnebloempitjes karameliseren met vijgdadelazijn

Een hele makkelijke manier om een lekkere bite aan een salade te geven: verwarm een koekenpan op matig vuur en rooster er zonnebloempitjes in, tot ze goudbruin zijn. Blus af met een scheutje vijgdadelazijn, blijf goed roeren tot je de suiker begint te ruiken. Haal meteen van het vuur en stort op een plat bord. Laat afkoelen en haal de brokjes voorzichtig uit elkaar. Ook heel lekker over een toetje met peer en warme chocoladesaus!

SALADE MET TOMAATJES, AARDBEI EN BUFFELMOZZARELLA

Ingrediënten voor 4 personen

50 gram rucola
100 gram veldsla
150 gram aardbeien
150 gram cherrytomaatjes
2 bollen buffelmozzarella
een handjevol basilicumblaadjes
basilicumolijfolie
vijgdadelazijn
zeezout
versgemalen peper

Voorbereiden:

- haal de kroontjes van de aardbeien (liefst niet wassen)
- halveer de aardbeien
- halveer de tomaatjes
- snij de buffelmozzarella in 2 helften en daarna in plakjes
- pluk verse basilicumblaadjes en scheur in kleinere stukjes (niet snijden!)

Afmaken:

Verdeel de **veldsla** en de **rucola** over 4 bordjes. Leg de **tomaatjes**, de **aardbeien** en de **buffelmozzarella** er mooi verspreid op. Strooi de **basilicumblaadjes** eroverheen. Besprenkel ruim met **basilicumolijfolie.** Druppel er voorzichtig een klein beetje vijgdadelazijn op. Door de aardbeien wordt de salade anders te zoet. Breng op smaak met **zeezout** en **peper**.

Lekker met vers desembrood.

* Mozzarella werd in Italië vroeger alleen van buffelmelk gemaakt. Tegenwoordig produceert men ook de veel goedkopere mozzarella van koemelk, maar die heeft minder smaak.

SALADE MET **MANGO, PROSCIUTTO** EN **WALNOOT**

tip Salade op een stokje

Regelmatig maken we "proeverijen" met een selectie van onze zoete en hartige hapjes. Een hemelse High Tea, maar net even anders, die vaak eindigt in een High Wine...

Een van de hartige hapjes die we dan graag serveren is een stokje met de ingrediënten uit de salade hiernaast.
Vul afwisselend satéprikkers met stukjes mango en een opgerold plakje prosciutto. Leg de stokjes op een paar blaadjes rucola. Besprenkel ze vlak voor het uitserveren met wat mango azijn en citroenolijfolie. Maak af met een beetje peper. Zout is niet nodig, dat komt al met de prosciutto mee.

Prosciutto di Parma D.O.P.

Wanneer een ham met een vijfpuntig kroontje en de naam Parma is gemerkt, heb je te maken met een echte prosciutto uit het Noord-Italië. De biggetjes uit Parma worden deels gevoerd met de wei die overblijft na het maken van de Parmigiano Reggiano (pagina 26) uit hetzelfde gebied. De hammen worden gedurende 12 maanden gedroogd in de bergwind. Het specifieke klimaat van Parma draagt voor een groot deel bij aan de lekkere smaak van de Parmaham.

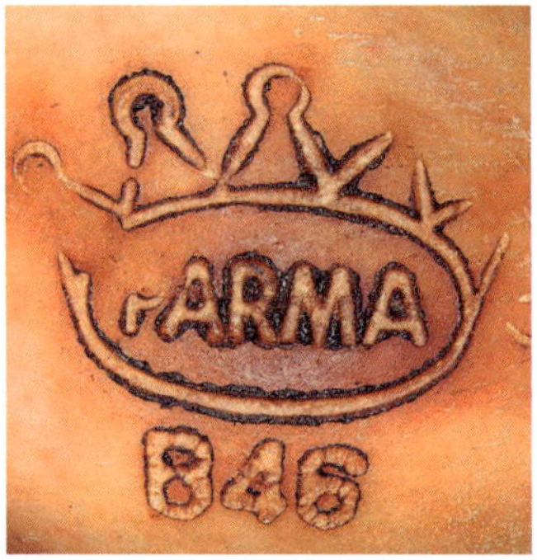

Mango's worden halfrijp geoogst om ze te kunnen vervoeren

Hoe herken je een rijpe mango?

Mango's variëren in kleur van groen, geel, oranje, tot rood. De kleur van de schil zegt dus niks over de rijpheid van de mango. Een bijna rijpe mango kan je met je duim een heel klein beetje indrukken. Op het moment dat ze een sterke zoete geur gaan verspreiden zijn ze helemaal rijp. Als dat na een paar dagen nog steeds niet gebeurt, zijn ze te vroeg geoogst en worden ze niet meer rijp.

SALADE MET **MANGO, PROSCIUTTO** EN **WALNOOT**

Ingrediënten voor 4 personen

25 gram rucola
50 gram veldsla
1 rijpe mango
12 plakjes prosciutto
100 gram walnoten
mango azijn
citroenolijfolie
versgemalen peper
vers desembrood

Voorbereiden:

- schil de mango, leg hem op zijn zij en snij precies langs de platte pit de linkerhelft eraf, doe hetzelfde met de andere kant en snij dan beide helften in dunne maantjes
- scheur de plakjes prosciutto in kleinere stukjes
- rooster de walnoten even in een droge koekenpan op matig vuur

Afmaken:

Leg wat **rucola** en **veldsla** op 4 diepe borden. Verdeel hierover de **mangomaantjes.** Leg er plukjes **prosciutto** tussen. Verspreid de **walnoten** over de salade. Giet er een klein beetje **mango azijn** en een wat ruimere hoeveelheid **olijfolie** overheen. Maak af met wat versgemalen **peper**.

Serveer met wat versgesneden desembrood.

* Voor vegetariërs maken we deze salade altijd met onze zachte schapenkaas. Ook een lekkere combinatie.

winkelcafé
de Zeeuwse
hemel

ORGANIC

marokkaans
kippasteitje
met kaneel,
Koninklijke
Sinaasappel
salade met
dadels &
walnoten
met
pomodori
knoflookolie
&
pesto

116

120

122

124

128

132

TOE

ÇIFTLIK YOGHURT MET **LEMONCURD** EN ITALIAANSE **SAVOIARDI**

Çiftlik yoghurt

Je hebt allerlei soorten yoghurt. Maar de lekkerste vinden wij de Turkse Çiftlikyoghurt.

Çiftlik is Turks voor boerderij. Maar "onze" çiftlik wordt gemaakt door een Hollandse boer uit Oudewater! Deze kreeg op een dag bezoek van een Turkse groothandelaar, die in de ban was geraakt van de dikke Oudewaterse boerenyoghurt die in Nederland nauwelijks nog te krijgen was. Het leek op de yoghurt uit zijn jeugd. De Hollandse boer ging vanaf toen yoghurt naar Turks recept maken en dat werd zowel onder Turkse als Hollandse smulpapen een groot succes.

Het geheim is de hoeveelheid room, maar liefst 15%! Heerlijk dus voor dit toetje met lemoncurd.

Wil je een magere variant, probeer dan eens de Boeren Hangop van Zuivel Boerderij Hoogelande uit Grijpskerke!

Onze naam yoghurt komt van het Turkse woord yogurt

tip

Als we in Rotterdam zijn, kopen we altijd Ayran bij de Turkse supermarkt. Maar je kan deze heerlijk verfrissende yoghurtdrank ook zelf maken. Klop met de mixer 5 dl ciftlik yoghurt, 5 dl water en wat zeezout. Laat afkoelen in de ijskast en drink op hete zomerse dagen!

Zelf lemoncurd maken

Roer sap en rasp van 4 biologische citroenen, 4 eieren en 325 gram suiker door elkaar. Verwarm het mengsel in een metalen mengkom of pan, hangend boven een pan met zachtjes kokend water. Blijf kloppen, totdat het gaat binden. Haal van de pan en klop 225 gram zachte gezouten boter erdoor. Schep in een gesteriliseerde pot en laat afkoelen. Doe de deksel pas na het afkoelen op de pot.

Dik genoeg?

Teken met je vinger een streepje over de bolle kant van de pollepel. Als het streepje blijft staan is de lemoncurd klaar!

Beschuit met aardbei en lemoncurd

Op een zaterdag, in het begin van ons Zeeuwse Hemelbestaan, was ineens alle Koekelataart op. Wat nu? We hadden nog wel een kist biologische citroenen en ook verse aardbeien in de tuin, dus maakten we snel lemoncurd en besmeerden er beschuiten mee. Bovenop wat plakjes aardbei...mmm. Taart niet gemist!

Bijna net zo goed als zelf gemaakt: biologische lemoncurd van de Mariënwaerdt.

ÇIFTLIK YOGHURT MET **LEMONCURD** EN ITALIAANSE **SAVOIARDI**

Ingrediënten voor 4 personen

2 potten van 500 ml çiftlik of hangop
4 lange vingers, liefst de grote Italiaanse Savoiardi
1 pot lemoncurd
vier duralexglazen en lange toetjeslepels

optioneel: limoncello

Voorbereiden:

Dit toetje is heel makkelijk en snel te maken. Zorg dat je alle ingrediënten klaar hebt staan. Begin het toetje pas daadwerkelijk te maken vlak voor je het uitserveert, anders worden de lange vingers papperig.

Afmaken:

- vul de vier glazen met een laagje yoghurt van ongeveer 3 cm
- snij 4 lange vingers met een scherp mes precies door midden
- verkruimel boven elk glas een halve lange vinger
- schep hierop 1 eetlepel lemoncurd (het is erg zoet, neem niet teveel)
- eindig met een laagje yoghurt
- schenk er nu optioneel een scheutje limoncello overheen
- zet er een halve lange vinger in met de bolle kant naar boven
- serveer direct

Je kan de lemoncurd zelf van tevoren maken, zie het recept hiernaast. Je houdt dan wel wat over, maar je kan het in de ijskast drie weken bewaren. Heb je geen zin om het zelf te maken, probeer dan een potje kant en klare lemoncurd van bijvoorbeeld de Mariënwaerdt, verkrijgbaar in de Zeeuwse Hemel.

* Savoiardi zijn mooie grote lange vingers, maar ze hebben een zachte structuur. Als je van extra knapperig houdt, kan je beter gewone lange vingers nemen.

PEREN TARTE TATIN MET **AMANDELEN** EN **CLOTTED CREAM**

Als onze perenbloesem bloeit, betekent het dat het tuinseizoen is geopend. We kijken er elk jaar reikhalzend naar uit. De bloesem is na twee weken weggewaaid, maar in november genieten we opnieuw van de hemelse perentoetjes die we dan kunnen maken!

Onze peren heten "Winterjannen", dit ras is in 1700 ontstaan

Kruidige perencrumble

Is het recept hiernaast je te veel werk, maak dan deze perencrumble. Schil 4 peren en doe ze in plakjes in een ovenschaal, gemengd met 750 ml bosbessensap, een eetlepel chaikruiden (pagina 52), 30 gram suiker en 3 eetlepels berberisbesjes. Dek af en stoof 45 minuten op 180 graden. Wrijf voor de crumble 60 gram bloem, 20 gram rietsuiker, 1 eetlepel chaikruiden en 30 gram gezouten boter tot kleine korreltjes. Giet de peren af, bedek met de crumble, zet de oven op 220 graden en zet nog eens 20 minuten in de oven. Serveer met verse berberisbesjes en clotted cream waar je nog wat chaikruiden over strooit.

Berberisbesjes zijn te krijgen bij een Perzische supermarkt. De kleine rode gedroogde besjes hebben een sprankelend zure smaak. Ze geven een toetje of een salade een spannend fris accent en laten het er extra mooi uitzien.

Kweepeermostarda, Italiaanse inspiratie in Zierikzee

Van Heleen krijgen we elk jaar kweeperen, die zij overvloedig oogst uit eigen tuin. Toen onze Italiaanse vriendin Elisa hier logeerde, terwijl vriend Tim met Joost de CD "Midden in het begin" aan het opnemen was, waren de kweeperen net binnen. Elisa begon vol vuur te vertellen over de kweepeermostarda die je hier van kon maken. We schilden de peren en zetten ze onder een dikke laag rietsuiker en schijfjes citroen, twee dagen weg. De suiker bleek een grote hoeveelheid vocht aan de peren te hebben onttrokken. Het sap lieten we inkoken en voegden er na een tijdje de in stukjes gesneden kweeperen bij. Voor het Italiaanse accent mengden we een papje van tot poeder gemalen geel mosterdzaad met wat warme witte wijn. Dit roerden we, proevend of het niet te scherp werd, door de kweeperen die vervolgens op een groot stuk bakpapier werden uitgestort om op te stijven. De volgende dag konden we de dikke plak in repen snijden. De scherpe smaak van mosterd met de zoete smaak van de kweepeer, wat een geweldige combinatie! We serveerden het met een stukje pittige blauwe kaas als dessert.

PEREN TARTE TATIN MET **AMANDELEN** EN **CLOTTED CREAM**

Ingrediënten voor 4 personen

4 grote stoofperen
1 fles witte wijn
kaneelstok
200 gram suiker
4 kruidnagels
4 plakjes bladerdeeg
50 gram geschaafde amandelen
40 gram gezouten roomboter
100 gram clotted cream

Neem vier ronde lage ovenschaaltjes waar een velletje bladerdeeg overheen past.

Haal de plakjes bladerdeeg op tijd uit de vriezer zodat ze bij gebruik zacht zijn.

Voorbereiden:

- schil de peren maar laat het steeltje zitten, dat geeft juist veel smaak
- zet de peren op met de wijn, het kaneelstokje, de kruidnagels en 100 gram suiker
- stoof de peren **2 uur** in een gesloten pan, haal ze eruit, bewaar 400 ml van de wijn
- schenk een scheutje water over 100 gram suiker en laat een **half uur** staan
- snij de peren in schijfjes, en doe de klokhuizen terug bij de wijn
- schenk de wijn met de klokhuizen in een koekenpan en laat inkoken tot een saus
- giet de peren-wijnsaus door een zeef en hou apart
- smelt de natte suiker tot een vloeibare bubbelende stroop op laag vuur
- giet een klein laagje suikerstroop over de hele binnenkant van de ovenschaaltjes
- zet de schaaltjes in de ijskast zodat het laagje suikerstroop hard wordt
- rooster de geschaafde amandelen 3 minuten lichtbruin in een droge koekenpan

Afmaken:

Verwarm de oven voor op 200 graden. Haal de ovenschaaltjes uit de ijskast en leg ze dakpansgewijs vol met **peren**plakjes. Schenk er een beetje **peren-wijnsaus** over en doe er een **klontje boter** op. Leg op elk schaaltje één plakje **bladerdeeg** strak over de bovenkant, knip rondom bij en vouw tot een omgekeerd bakje. Prik er wat gaatjes in. Zet 25 minuten in de oven, of tot het bladerdeeg goudbruin is. Haal de schaaltjes uit de oven, snij de korst voorzichtig los en draai ze om. De peren liggen nu in het bakje bladerdeeg. Leg er een dotje **clotted cream** op en bestrooi met de **amandelen.**

* Kan je geen echte Engelse clotted cream krijgen meng dan één deel crème fraîche met twee delen mascarpone..

KASTANJEMOUSSE MET **VANILLEROOM** EN **KASTANJEHONING**

Kastanje- en olijvenseizoen

Een paar jaar geleden werd ik door vriendin Dieuwke uitgenodigd om olijven te komen plukken in Italië. Na gedane arbeid verwenden we onszelf met een late lunch in een trattoria. Net als olijven, is het oogsten van tamme kastanjes in de herfst niet weg te denken uit Italië. Na afloop van een heerlijk maal kregen we op aanraden van de ober het toetje dat hiernaast staat beschreven. Thuisgekomen rustten we niet voordat we het precies hadden nagemaakt!

Van alle noten bevat de kastanje de meeste vitamine C

Heerlijk als bijgerecht:

Radicchio met kastanjehoning

1 krop radicchio
olijfolie
zout
peper
pancetta of ontbijtspek
kastanjehoning

Bak 4 plakjes pancetta knapperig en hou apart. Snij de radicchio in 8 kwarten, bak heel kort in olijfolie, bestrooi met zout en peper, besprenkel met kastanjehoning en serveer met de pancetta.

Kastanjehoning wordt in de lente door bijen gemaakt van nectar uit bloemen van de tamme kastanjeboom. Het heeft een karakteristieke smaak en is kruidig en zoet tegelijk. In Nederland is deze honing niet zo bekend, maar in Italië wordt hij veel gegeten, in toetjes maar bijvoorbeeld ook met parmezaanse kaas.

tip Tamme kastanjes gemakkelijk pellen

Soms heb je het geluk om in de buurt van een tamme kastanjeboom te wonen. (Alhoewel prachtig, is onze boom helaas een paardenkastanje.) Zorg dat je er snel bij bent - binnen een week na het vallen - en kies alleen de kastanjes die strak in hun schil zitten. Snij de kastanjes met een scherp mes in de lengte doormidden en kook met schil en al, 8 minuten op laag vuur. Leg ze daarna meteen in een kom heet water. Haal ze er om de beurt uit en pel ze met je vingers. Haal ook het buitenste vliesje eraf. Het vliesje smaakt namelijk een beetje melig.

KASTANJEMOUSSE MET **VANILLEROOM** EN **KASTANJEHONING**

Ingrediënten voor 4 personen

250 gram gekookte tamme kastanjes
400 ml slagroom
kastanjehoning
1 vanillestokje
zeezout

Wij gebruiken meestal gekookte tamme kastanjes uit een pot (in de herfst bij de Zeeuwse Hemel te koop). Maar je kan ze ook zelf zoeken, kijk op de pagina hiernaast voor een makkelijke manier om ze te pellen.

Voorbereiden:

- hou twee gekookte kastanjes apart om er later op te kunnen leggen
- roer met een vork de rest van de gekookte kastanjes fijn
- snij het vanillestokje in de lengte door en duw met een bot mesje de pulp eruit
- meng de vanillepulp met 400 ml ongeslagen slagroom
- klop de kastanjes met 1 eetlepel kastanjehoning, een mespuntje zout en 200 ml vanilleroom met de staafmixer tot een zachte mousse
- proef en voeg eventueel nog wat honing /vanilleroom toe
- vul vier glaasjes voor driekwart met de kastanjemousse en zet in de ijskast
- klop de rest van de vanilleroom op

Afmaken:

Haal de glaasjes met de **kastanjemousse** een kwartier van tevoren uit de ijskast. Schep de opgeklopte **vanilleroom** erin. Snij de twee apart gehouden **kastanjes** doormidden. Leg de halve kastanjes op de toetjes en giet er nog een heel klein straaltje **kastanjehoning** over.

* Dit toetje is behoorlijk machtig. Maak dus kleine porties, die je serveert in een amuseglaasje met een theelepeltje, om extra lang te genieten!

ROZEN"IJS" MET **KARDEMOMKOEK** EN **PISTACHENOOT**

Naar de Perzische Supermarkt

Het is een feest om een bezoek te brengen aan "Pasargad" in de Teilingerstraat in Rotterdam. Berberisbesjes, kardemom, rozenblaadjes en allemaal soorten koekjes. Zo'n blik kardemomkoek met pistachenootjes gaat op de eenbaansweg naar Zierikzee natuurlijk al open...

Indiërs sabbelen op een kardemompeul voor een frisse adem

Goed bevonden, opgekrabbeld en bewaard

Als je ziet hoe wij onze recepten "administreren" is het een wonder dat dit kookboek er gekomen is. Tientallen kladjes, beschreven servetjes, bevlekte printjes en andersoortige notities slingeren in de "absoluut niet weggooien" - map. Het selecteren was een heerlijke sentimental journey. Dit toetje was lang de favoriet in de keuken omdat je na het vullen van de glaasjes zo heerlijk de mengkommen uit kon likken!

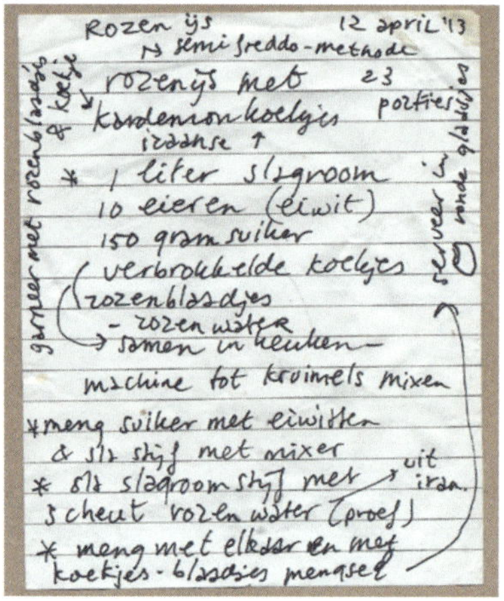
Rozen ijs 12 april '13
→ semi freddo-methode
rozenijs met 23 porties
kardemom koekjes
iraanse ↑
* 1 liter slagroom
10 eieren (eiwit)
150 gram suiker
verbrokkelde koekjes
rozenblaadjes
- rozenwater
→ samen in keuken-
machine tot kruimels mixen
* meng suiker met eiwitten
& sla stijf met mixer
* sla slagroom stijf met scheut rozenwater (proef) → uit iran.
* meng met elkaar en met koekjes-blaadjes mengsel
garneer met rozenblaadjes & koekje
serveer in ronde glaasjes

VERS VOOR JE GEMAAKT

met onze eigen koffie,

BOOT KOFFIE
THE GOLDEN COFFEE BOX

ijsblokjes, melk & specerijen

de Zeeuwse hemel

Kardemom in Iced Coffee

Kardemompeulen worden soms in hun geheel meegekookt, maar de meeste smaak ervaar je als je de zaadjes uit de peulen haalt.
Een monnikenwerk, maar absoluut de moeite waard. Het lekkerst is om ze even kort te roosteren voor je ze vijzelt. Ze smaken naar een mengsel van peper, nootmuskaat en eucalyptus. 6 kardemompeulen leveren één theelepel poeder op. Pel nooit meer peulen dan je nodig hebt, kardemompoeder verliest na verloop van tijd snel smaak. Gebruik niet teveel, het is vrij nadrukkelijk aanwezig. Een heel goede combi is kardemom met koffie. Op z'n Arabisch meegemalen met de koffiebonen, of op z'n Zeeuwse Hemels in onze iced variant met koud gezette koffie en zoete gecondenseerde melk!

ROZEN" IJS" MET **KARDEMOMKOEK** EN **PISTACHENOOT**

Ingrediënten voor 4 personen

200 ml slagroom
2 eiwitten
30 gram suiker
1 theelepel gevijzeld kardemomzaad
Iraanse kardemomkoek
1 eetlepel rozenblaadjes
rozenwater
pistachenootjes

Iraanse kardemomkoek met pistache is een bruine platte koek, die in ronde blikken wordt verkocht. Je breekt de koek in stukken als je het serveert of in een gerecht gebruikt. Je koopt het, samen met de gedroogde rozenblaadjes en het rozenwater, bij de Perzische supermarkt.

Dit "ijs" wordt gemaakt volgens de Italiaanse semi-freddo-methode. Het is eigenlijk een mousse met slagroom, die je bevriest. Als je het toetje 30 minuten voor het serveren uit de vriezer haalt, is het semi-freddo (half koud) als je het eet.

Voorbereiden:

- begin minstens **4 uur van tevoren** omdat het toetje moet invriezen
- meng de suiker met de eiwitten en sla het mengsel zo stijf mogelijk
- klop de slagroom met het gevijzeld kardemomzaad en een paar druppels rozenwater, proef en voeg eventueel nog wat rozenwater toe, pas op, niet te veel!
- hak 1/2 eetlepel rozenblaadjes fijn
- verbrokkel een kwart van een kardemomkoek tot 4 eetlepels koekkruim

Afmaken:

Schep het **eiwitmengsel** en de opgeklopte **slagroom** voorzichtig door elkaar. Roer er dan de fijngesneden **rozenblaadjes** en de verbrokkelde **koek** door. Vul 4 glazen, dek af met plasticfolie en laat minimaal 4 uur invriezen. Haal de toetjes er 30 minuten voor het serveren uit. Strooi er wat **rozenblaadjes** en **pistachenootjes** over en leg er een **stukje koek** bij.

* Als je geen kardemomkoek kunt vinden, kan je het ook zonder maken. Voeg dan naar smaak iets meer gevijzeld kardemomzaad toe.

AGAVEKARAMEL MET **OLIJFOLIE** EN **VANILLEIJS**

Puur geluk met een snufje zout

Deze karamelsaus is uit improvisatie voortgekomen. We waren een keer vergeten om nieuwe karamelsaus te maken en de suiker was op. We hadden net daarvoor een ei met olijfolie tot mayonaise geklopt. Door de olie was de mayonaise mooi dik geworden. We vroegen ons af of je ook een saus zou kunnen maken als je olijfolie door agavesiroop klopte. We hebben er absoluut geen wetenschappelijke verklaring voor, maar het lukte. Met een snufje zout erdoor was onze "karamel" af.

Een beetje zout maakt zoet onweerstaanbaar!

Een hemelse start

Toen we vijf jaar geleden met de Zeeuwse Hemel begonnen, wilden we meteen op de openingsdag ieders zintuigen verrassen. Onze koffieleverancier uit Baarn stuurde barista Nicole naar Zierikzee, die voor de deur verse koffiebonen brandde, in de kopere koffiebrander van Barend Boot. De geur trok iedereen naar binnen. Ze zette er vervolgens de lekkerste koffie's mee. Op een bepaald moment vroeg ze of we ook vanilleijs hadden. Samen met een heel klein beetje bruine suiker overgoot ze een bolletje ijs met versgezette espresso: affogato! Een Italiaanse specialiteit. Lepeltje erin en uitdelen maar. We hadden de Zeeuwse Hemel niet hemelser kunnen beginnen.

Liever geen melk of room? Wij ontdekten het lactose-vrije ijs van Professor Grunschnabel, dat op basis van kokosmelk wordt gemaakt. Heel lekker is de smaak Maromokotro Snow White met echte bourbonvanille. Onze agavekaramel combineert er goed mee en staat dus met dit ijs op de menukaart.

AGAVEKARAMEL MET OLIJFOLIE EN VANILLEIJS

Ingrediënten voor 4 personen

125 ml agavesiroop
2 eetlepels olijfolie
zeezout
vanilleijs
4 walnoten
4 takjes munt

Agavesiroop is een goede vervanger voor suiker. Het heeft een hogere zoetkracht waardoor je er minder van nodig hebt.
Kies bij dit recept voor een zachte romige, niet scherpe olijfolie.

Voorbereiden:

- klop de olijfolie in een dun straaltje door de agavesiroop.
- meng er een snufje zeezout doorheen
- rooster de walnoten in een droge koekenpan

Afmaken:

Schep een bolletje **vanille-ijs** in een glas, schenk er een beetje **"agavekaramel"** overheen en leg er een **geroosterde walnoot** en een **takje munt** bovenop.

* Neem het liefst biologische ongeraffineerde agavesiroop uit Mexico. Hierin zijn alle vitamines en mineralen nog aanwezig.

Dijkpaal
178

ZIERIKZEE

HIER IS HET LAND
VAN DE ZEE
EN DE ZEE VAN HET LAND
DE EINDER ONEINDIG
VERWEVEN VERWANT
DE IJLE GEZICHTEN
HET ZILTE GETIJ
DE DIJKEN DE VESTING
EN DAAR BINNEN WIJ

Dit zijn de eerste zinnen van het lied dat Joost schreef, toen we tien jaar geleden in Zierikzee kwamen wonen. Hij heeft het sindsdien heel vaak in de Zeeuwse Hemel gezongen.

INDEX PER **INGREDIËNT**

Naast de uitgebreide recepten op de rechterpagina's, staan er op de linkerpagina's van dit kookboek nog een heleboel kleinere recepten, verhalen en tips. Daarom vind je hier een index per ingrediënt. Een paar ingrediënten zijn weggelaten, omdat ze bijna op elke pagina voorkomen: desembrood, (bak)olijfolie, zeezout, versgemalen peper, rucola, veldsla, knoflook, ui en citroen. Blijkbaar vormen die de basis voor de Zeeuwse Hemel keuken!

INDEX PER **INGREDIËNT**

DANK JE WEL... & COLOFON

Dit kookboek was er nooit gekomen zonder het inspirerende enthousiasme van mijn lieve Joost. Met zijn steun wordt elke droom waar. Als ik het niet meer zie zitten, gelooft hij erin voor twee. Wat wij delen bloeit!

*

Bij ons thuis werd er vroeger, volgens mijn vriendinnen, "apart" gegeten: artisjokblaadjes, kaasfondue-soupeetjes om 11 uur 's avonds, kippenhartjes op vrijdag en garnalenragout op zondag. Vijgen uit blik, hele gemberbolletjes met room, maiskolven op oudjaar, matzes met Pasen, een tulband-cake met bloemetjes op je verjaardag en hutspot met klapstuk met Sinterklaas. Lekker eten en tradities gingen hand in hand. Van samen eten een feestje maken, dat heb ik thuis geleerd. Lieve pappie en mammie, dank jullie wel.

*

Jillis, Okke en Amanda, die me door alle drukte soms als moeder moesten missen, maar daar helemaal niet moeilijk over deden, als ze zagen hoe blij ik van het kookboek werd. Lieve schatten, volg je passie en het komt goed.

*

Marja, lieve vriendin, met wie ik zoveel samen heb gekookt, als M & M in Nonette, met onze Franse schortjes voor en wij maar "oefenen" voor de Zeeuwse Hemel!

*

Alle Zeeuwse Hemel "jongens en meisjes" die mij in staat hebben gesteld de tijd te vinden om dit kookboek te schrijven en zo enthousiast alles mee hebben geproefd.

*

Onze trouwe klanten en gasten die me zo vaak om tips en recepten vroegen, dat ze me ervan overtuigden dat ik dit kookboek moest schrijven.

*

Astrid en Thérèse, dank voor jullie tips en natuurlijk ook voor jullie heerlijke wijnen.

*

Leveranciers van de Zeeuwse Hemel, dank voor de prachtige producten waarmee jullie ons de afgelopen jaren hebben laten kennismaken en die telkens inspiratie voor nieuwe recepten gaven.

* monique

De Zeeuwse Hemel, Kookboek 1

Auteur: Monique Hiltermann
Vormgeving: Monique Hiltermann
Foto's gerechten: Joost Pieters
Foto's pag. 2, 62 en 136: Sicco Brand
Collage foto's: De Zeeuwse Hemel
Druk: Almedeon, Oisterwijk
Verkoop en distributie:
De Zeeuwse Hemel
Melkmarkt 8
4301 HB Zierikzee
0111 417094
info@dezeeuwsehemel.nl

NUR 441
ISBN 978-90-823945-0-4
9 789082 394504 >